Grammatik ... jetzt klappt's!
ENGLISCH

Leichtes Lernen Schritt für Schritt

von
Claudia Heidieker

unter Mitarbeit von
Esther Lorenz-Bottke

D1718122

Ernst Klett Sprachen GmbH
Barcelona · Belgrad · Budapest · Ljubljana · London · Posen · Prag
Sofia · Stuttgart · Zagreb

PONS
Grammatik ... jetzt klappt's!
ENGLISCH

Leichtes Lernen Schritt für Schritt

von
Claudia Heidieker

unter Mitarbeit von
Esther Lorenz-Bottke

Auflage A1 5 4 3 2 1 / 2008 2007 2006 2005

© Ernst Klett Sprachen GmbH, Rotebühlstraße 77, 70178 Stuttgart, 2005
Internet: www.pons.de
E-Mail: info@pons.de

Redaktion: Antje Wollenweber
Logoentwurf: Erwin Poell, Heidelberg
Logoüberarbeitung: Sabine Redlin, Ludwigsburg
Einbandgestaltung: deutschewerbeagentur
Originalillustrationen: Palmer-Lorenz Illustrationen, Steinbach
Schwarz/weiß-Illustrationen: Norberto Lombardi, Campana
Layout: **beluga**design, Stuttgart
Satz: Peter Renz, Stuttgart
Druck: Legoprint
Printed in Italy.
ISBN: 3-12-561210-1

Willkommen in der Welt der englischen Grammatik!

Sie möchten die englische Grammatik schnell lernen und das mit Freude und Motivation? Sie möchten die Regeln gut verstehen und auch umsetzen können?

Mit diesem Kurs lernen Sie die wichtigsten grammatikalischen Aspekte der Sprache kennen. Sie trainieren mit einer modernen, kommunikativen Lernmethode intensiv die Grammatik und lernen, diese in lebensnahen Situationen anzuwenden. Gleichzeitig erlangen Sie solide Grundkenntnisse in Kommunikation, Wortschatz und Landeskunde durch abwechslungsreiche Übungen. Durch ihren flexiblen Ansatz ist die Grammatik ... Jetzt klappt's! sowohl für Anfänger als auch für Wiedereinsteiger geeignet. Lösungen und Tipps tragen dazu bei, dass Sie als Selbstlerner die englische Grammatik schneller beherrschen.

Wie ist die Grammatik ... Jetzt klappt's! aufgebaut?

Die Grammatik ... Jetzt klappt's! besteht aus 12 Modulen und 12 Tests. Jedes Modul beginnt mit einer leichten Einführung zu den jeweiligen Themen. Im Anschluss erhalten Sie genaue Erklärungen und haben die Möglichkeit, in zahlreichen Übungen das Gelernte anzuwenden. Nach jedem Modul können Sie einen Test machen um zu überprüfen, ob Sie die Inhalte auch sicher beherrschen.

Der Kurs wird durch eine **Audio CD** ergänzt, viele der Übungen und Texte finden Sie auch hier, wodurch Sie zusätzlich ihr Hörverstehen, ihre Aussprache und mündliche Kommunikation ausführlich üben können.
Die Übungen sind durchnummeriert, damit Sie schnell und leicht einen Überblick haben, wo Sie sich befinden. Ebenfalls hilft dies Ihnen bei der Überprüfung der Lösungen, die Sie im Anhang des Buches finden.

Bildsymbole

Anhand der Bildsymbole erkennen Sie, ob Sie einen Stift, ein zusätzliches Blatt Papier oder die Audio CD (immer optional) für die jeweilige Übung brauchen:

 Dieses Bildsymbol zeigt Ihnen, dass Sie die Übung auch auf der Audio CD hören können. Die Tracknummer gibt Ihnen an, wo Sie die Übung auf der CD finden.

 Für eine Übung mit diesem Symbol brauchen Sie einen Stift, um etwas zu schreiben oder einzutragen.

 Auch für diese Übungen brauchen Sie einen Stift, diesmal um etwas anzukreuzen oder zu verbinden.

Bei diesem Symbol werden Sie aufgefordert ein zusätzliches Blatt zu verwenden, um die Übung zu machen.

 Mit diesem Symbol werden Sie darauf hingewiesen, dass Sie die Inhalte besonders aufmerksam lesen sollten.

Nice to know

Im gesprochenen Englisch sagt man sehr oft **I guess** an Stelle von **I think.**

In der Box erhalten Sie nützliche und interessante Hinweise über die englische Sprache und über landesübliche Besonderheiten.

book – *Buch*
kiss – *Kuss*
knive – *Messer*
half – *Hälfte* ▶

Das Wortschatzfeld enthält Wörter und Wendungen, die für die jeweiligen Übungen hilfreich sind.

Lerntipp!

Oft müssen Sie sich noch unbekannte Wörter selbst erschließen. Stellen Sie sich dabei z.B. folgende Frage: Kenne ich ein deutsches Wort, das ähnlich ist?

In dieser Box finden Sie Tipps, die Ihnen das Lernen erleichtern können.

▶ § 15 **Der Plural**

Diese Grammatikverweise geben Ihnen an, wo Sie weitere Informationen zu einem bestimmten grammatikalischen Thema erhalten.

Anhang

Hier finden Sie folgende Inhalte:

Lösungen: Zur Überprüfung ihrer Lösungen können Sie im Anhang nachschlagen.

Grammatik: Hier finden Sie ausführliche Erklärungen zu allen wichtigen Grammatikinhalten, die in diesem Kurs gelernt werden.

Wortverzeichnis: In diesem alphabetisch sortierten Wortverzeichnis finden Sie schnell alle verwendeten Wörter der Grammatik ... Jetzt klappt's! mit deren Übersetzungen.

Viel Spaß und Erfolg beim Englischlernen!

Inhaltsverzeichnis

Die Einkaufsliste / Englische Substantive

1 TR. 01

Die Familie Smith, Paul, seine Frau Kate und ihre beiden Kinder Ben und
Jane leben in Manchester. Montags gehen Paul und Kate immer einkaufen.
Kate ist gerade dabei, die Einkaufsliste zu schreiben.
Lesen Sie den Dialog und markieren Sie im Text die Pluralformen (Mehrzahl)
der Substantive (Hauptwörter).
Sie können den Dialog auch auf der CD hören.

◀ **need** – *brauchen*
apple – *Apfel*
pear – *Birne*
banana – *Banane*
fruit bowl – *Obst-schale*
know – *wissen*
prefer – *bevorzugen*
definitely – *unbe-dingt*
bottle – *Flasche*
milk – *Milch*
piece – *Stück*
birthday present
– *Geburtstagsgeschenk*
trousers – *Hose*
near – *in der Nähe von*
office – *Büro*
idea – *Idee*
wine – *Wein*
apple pie – *Apfel-kuchen*
dessert – *Nachtisch*
children – *Kinder*
vanilla ice cream
– *Vanilleeis*

Kate: What do we need?
Paul: Oranges, apples, pears and
bananas.
Kate: There are apples in the
fruit bowl.
Paul: Yes, I know, but I prefer
green apples. Oh, and we
definitely need a bottle of
milk and a piece of butter.
Kate: Do we have salad?
Paul: No, we don't. Write it
down, please. What about
Ben's birthday present?
Does he need new trou-
sers?

Kate: Hmm ... We can buy him tickets for the Manchester United football
match. There's a ticket-office near the supermarket.
Paul: That's a good idea. How about for dinner tonight?
Kate: We can buy a bottle of wine for us and an apple pie for dessert for
the children.
Paul: Why only for the children? I love apple pie with vanilla ice cream.

2 TR. 02

Hier sehen Sie englische Substantive mit dem bestimmten Artikel **the**.
Sprechen Sie die Wörter laut aus. Wenn Sie möchten, können Sie sich die
Begriffe auf der CD anhören. Achten Sie dabei auf die unterschiedliche
Aussprache des Artikels.

1. the apple   2. the pear   3. the trousers
4. the office   5. the children

3

Groß- und **Kleinschreibung**
Im Gegensatz zum Deutschen werden Substantive im Englischen meist kleingeschrieben: **bus**, **love**, **child**, **dog**.

Es gibt aber auch Substantive, die immer großgeschrieben werden.
Hierzu gehören
- die Wochentage: **Monday**, **Tuesday**, **Wednesday**, **Thursday**, **Friday**,
    Saturday, **Sunday**

- die Monate: **January**, **February**, **March**, **April**, **May**, **June**, **July**, **August**,
    September, **October**, **November**, **December**

- Länder, Sprachen und Nationalitäten:

England	**English**
France	**French**
the United States of America	**American**
Germany	**German**

- sowie Eigennamen: z.B. **Paul Smith**, **the Beatles** oder **Top Line Software
    Company**.

4

Schreiben Sie die englischen Übersetzungen der Wörter in die Lücken.
Achten Sie besonders auf die Groß- und Kleinschreibung.

1. *Nachtisch* _____

2. *Hose* _____

3. *französisch* _____

4. *Hund* _____

5. *März* _____

6. *Samstag* _____

7. *Kinder* _____

8. *Freitag* _____

9. *Abendessen* _____

10. *Spanien* _____

5 TR. 03

Die Artikel

▶ § 3 **Die Artikel**

Im Englischen gibt es nur einen bestimmten Artikel: **the**.

the computer	*der Computer*
the door	*die Tür*
the car	*das Auto*

Die Aussprache stellt dabei eine Besonderheit dar:
Beginnt das nachfolgende Substantiv mit einem Vokal (a, e, i, o, u), so wird
der Artikel **the** mit **i** ausgesprochen. Folgt ein Substantiv, das mit einem
Konsonanten (b, m, t, r, w, s, etc.) beginnt, so bleibt die Aussprache von
the so wie Sie sie bereits kennen.
Wenn Sie möchten, finden Sie hierzu auf Ihrer CD Hörbeispiele, die Sie
nachsprechen können.

TR. 04

Der unbestimmte Artikel (*ein, eine*) heißt **a** oder **an**.
Beginnt das nachfolgende Wort mit einem Konsonanten, verwendet man **a**,
wie in **a pear**.
Beginnt das nachfolgende Wort mit einem Vokal, verwendet man **an**, wie in
an apple. Auch diese Beispiele finden Sie auf der CD.

> **Nice to know**
>
> Bei Wörtern, die mit
> **h** beginnen, wird **a** zu
> **an**, wenn das **h** nicht
> gesprochen wird.
> Man sagt **a house**, aber
> **an hour**.

6 ✏

Welcher unbestimmte Artikel ist hier richtig? Schreiben Sie **a** oder **an** in die
Lücken.

1. _____ office	7. _____ orange	
2. _____ bottle	8. _____ computer	
3. _____ dog	9. _____ idea	
4. _____ ice cream	10. _____ banana	
5. _____ hour	11. _____ office	
6. _____ minute	12. _____ pear	

> ◀ **dog** – *Hund*
> **hour** – *Stunde*
> **minute** – *Minute*
> **orange** – *Orange*

7

§ 15 Der Plural

Die Bildung des Plural

Der Plural (Mehrzahl) von Substantiven wird gebildet, indem man einfach ein **-s** an die Singularform anhängt: **book – books**.

Bei Wörtern, die auf einen Zischlaut enden, **-s**, **-ss**, **-sh**, **-ch**, **-x** oder **-z**, wird im Plural ein **-es** als Endung angehängt: **kiss – kisses**.

Endet ein Wort auf einen **Konsonanten + -y**, fällt das **y** weg und es wird **-ies** angehängt: **family – families**.
Endet das Wort jedoch auf einen **Vokal + -y**, wird nur ein **-s** angehängt:
     day – days.

book – *Buch*
kiss – *Kuss*
knive – *Messer*
half – *Hälfte*
roof – *Dach*

Bei Substantiven, die auf **-f** oder **-fe** enden, ändert sich das **f** zu **v** und es wird **-ves** angehängt.
     knife – knives
     half – halves
Es gibt allerdings einige Ausnahmen, die den Plural regelmäßig bilden wie zum Beispiel **roof – roofs**.

Die häufigsten unregelmäßigen Pluralformen lauten:

Nice to know

Es gibt auch Substantive, die nur im Plural gebraucht werden.
glasses *Brille*
trousers *Hose*
news *Nachrichten*

child	**children**	*Kinder*
man	**men**	*Männer*
woman	**women**	*Frauen*
foot	**feet**	*Füße*
tooth	**teeth**	*Zähne*
mouse	**mice**	*Mäuse*
tomato	**tomatoes**	*Tomaten*
fish	**fish**	*Fische*

8  TR. 05

Verbinden Sie die Wörter links jeweils mit der richtigen Pluralform rechts. Die Aussprache der Vokabeln können Sie sich auf der CD anhören.

house – *Haus*

1. knife
2. woman
3. orange
4. house
5. child

a. houses
b. children
c. knives
d. oranges
e. women

9 ✐

Schreiben Sie die Pluralformen der folgenden Wörter in die Lücken.

1. **book** _____ 　 6. **knife** _____

2. **city** _____ 　 7. **ticket** _____

3. **tomato** _____ 　 8. **kiss** _____

4. **fish** _____ 　 9. **mouse** _____

5. **present** _____ 　 10. **roof** _____

10 👓

Zählbar oder **nicht zählbar**?
Im Englischen wird zwischen zählbaren (**apple, car** etc.) und nicht zählbaren (**love, milk** etc.) Substantiven unterschieden.

Zählbare Substantive haben sowohl eine Plural- als auch eine Singularform und können mit **a/an** oder einer Zahl verwendet werden:
That's a good idea. We need four bananas.

Nicht zählbare Substantive haben nur eine Form. **A** oder **an** können nie direkt vor dem betreffenden Wort stehen.
> **Too much coffee isn't good for you**.
> *Zu viel Kaffee ist nicht gut für dich.*
> **Music helps me to relax**. *Musik hilft mir zu entspannen.*

Durch **a ... of ...** können nicht zählbare Dinge eine zählbare Form bekommen.

a cup of coffee	*eine Tasse Kaffee*
a slice of toast	*eine Scheibe Toast*
a packet of rice	*eine Packung Reis*
a piece of cake	*ein Stück Kuchen*
a bottle of coke	*eine Flasche Cola*

Zählbar oder nicht zählbar?

11 ✎

Kreuzen Sie jeweils das Wort an, das **nicht** zählbar ist.

1. ☐ a. office
   ☐ b. child
   ☐ c. coffee
   ☐ d. supermarket

2. ☐ a. music
   ☐ b. house
   ☐ c. woman
   ☐ d. banana

3. ☐ a. bottle
   ☐ b. butter
   ☐ c. ticket
   ☐ d. knife

4. ☐ a. present
   ☐ b. party
   ☐ c. football
   ☐ d. love

12 ✎

Schauen Sie sich die Bilder an und schreiben Sie das fehlende Wort in die Lücken.

1. a _____ of cheese

2. a _____ of wine

3. a _____ of hot chocolate

4. a _____ of bread

5. a _____ of sugar

cheese – *Käse* ▶
wine – *Wein*
hot chocolate
– *heiße Schokolade*
bread – *Brot*
sugar – *Zucker*

13 👓

There is und **there are**
There is und **there are** entsprechen etwa den deutschen Konstruktionen *es gibt* und *es ist/sind*.

▶ § 27 *There is* und
there are

Steht das Substantiv, auf das Bezug genommen wird, im Singular (Einzahl), verwendet man **there is** oder abgekürzt **there's**.

> **There's a ticket-office near the supermarket.**
> *Es gibt ein Kartenbüro in der Nähe des Supermarktes.*

Auch mit nicht zählbaren Substantiven wird **there is** gebraucht.

> **There's live music at the party.**
> *Es gibt Live-Musik auf dem Fest.*

Steht das Substantiv, auf das Bezug genommen wird, im Plural (Mehrzahl), verwendet man **there are**.

> **There are apples in the fruit bowl.**
> *Es sind Äpfel in der Obstschale.*

14 ✐

Nach dem Besuch im Supermarkt ist der Kühlschrank von Kate und Paul wieder gut gefüllt. Was ist im Kühlschrank?
Schreiben Sie **There is** oder **There are** in die Lücken.

1. _____ an apple pie.

2. _____ a bottle of wine.

3. _____ oranges.

4. _____ a piece of butter.

5. _____ two bottles of milk.

6. _____ green apples.

15

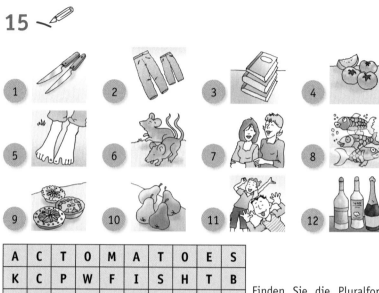

A	C	T	O	M	A	T	O	E	S
K	C	P	W	F	I	S	H	T	B
I	N	E	B	G	E	P	U	W	O
C	H	I	L	D	R	E	N	O	T
A	M	N	V	G	L	A	T	M	T
K	M	I	C	E	P	R	Z	E	L
E	B	O	O	K	S	S	T	N	E
S	K	T	R	O	U	S	E	R	S

Finden Sie die Pluralformen, die diese Bilder darstellen, im Buchstabengitter. Die Wörter können senkrecht, waagerecht und diagonal im Gitter versteckt sein.

16

Ordnen Sie jedem Land die Landessprache zu, indem Sie den richtigen Buchstaben in das jeweilige Kästchen eintragen.

1. ☐ England		a. Swedish
2. ☐ Germany		b. French
3. ☐ France		c. German
4. ☐ Norway		d. English
5. ☐ Sweden		e. Norwegian
6. ☐ Portugal		f. Portuguese

1 🖉

Ergänzen Sie die fehlenden Anfangsbuchstaben der Wörter. Achten Sie dabei
auf die Groß- und Kleinschreibung.

1. ___erman

2. ___ootball

3. ___anchester ___nited

4. ___arch

5. ___uesday

6. ___inner

7. ___nglish

8. ___anana

2 🖉

Kreuzen Sie jeweils das passende Wort an.

1. a cup of
   - ▨ a. sugar
   - ▨ b. wine
   - ▨ c. tea

2. a packet of
   - ▨ a. milk
   - ▨ b. rice
   - ▨ c. apple

3. a slice of
   - ▨ a. bread
   - ▨ b. coke
   - ▨ c. coffee

4. a bottle of
   - ▨ a. chocolate
   - ▨ b. butter
   - ▨ c. water

*A oder **an**? / Substantive im Plural*

3

Schreiben Sie **a** oder **an** in die Lücke vor dem Substantiv.

1. _____ kiss   4. _____ house

2. _____ idea   5. _____ match

3. _____ hour   6. _____ apple pie

4

Schreiben Sie die Pluralformen der abgebildeten Gegenstände in die Lücken.

1. _____

2. _____

3. _____

4. _____

5. _____

6. _____

1 TR. 06

Diese Sätze schildern einen typischen Tag im Leben von Paul und Kate aus Manchester. Ordnen Sie den Sätzen die dazugehörenden Bilder zu.
Wenn Sie möchten, können Sie sich den Text auch auf der CD anhören.

| a | b | c | d |
| e | f | g | h |

◀ **get up** – *aufstehen*
at – *um*
o'clock – *Uhr*
breakfast – *Frühstück*
leave – *verlassen*
take – *nehmen*
half past nine – *halb neun*
work – *Arbeit*
finish – *beenden/ fertig sein mit*
come – *kommen*
home – *nach Hause*
together – *zusammen*
evening – *Abend*
watch TV – *fernsehen*
go to bed – *ins Bett gehen*

1. Paul and Kate get up at seven o'clock. ☐
2. They have breakfast together with their children, Ben and Jane. ☐
3. Paul leaves the house at eight o'clock. ☐
4. Ben and Jane take the bus to school. ☐
5. Kate goes to work at half past nine. ☐
6. The children come home from school at half past four. ☐
7. At six o'clock, they have dinner together. ☐
8. They all go to bed at eleven o'clock. ☐

2

Verbinden Sie die Fragen auf der linken Seite mit den jeweils korrekten Antworten auf der rechten Seite.

1. Does Paul live in London?
2. Do Paul and Kate have two children?
3. Are the Beatles from Manchester?
4. Is Edinburgh in England?

◀ **live** – *wohnen, leben*
be called – *heißen*

a. No, they aren't. They are from Liverpool.
b. Yes, they do. The children are called Ben and Jane.
c. No, it isn't. It's in Scotland.
d. No, he doesn't. He lives in Manchester.

3

▶ § 19 **Das** *present*
    simple

Bildung des present simple

Die Bildung des englischen **present simple** (einfache Gegenwart) ist sehr einfach, da es bei **regelmäßigen** Verben nur zwei Formen aufweist. Man benutzt für alle Personen die Grundform des Verbs, ausgenommen die 3. Person Singular (**he**, **she**, **it**), bei der ein **-s** an das Verb angehängt wird.

Nice to know

Merken Sie sich als Faustregel für das **present simple** einfach den folgenden Reim: „Bei **he**, **she**, **it** - das **s** muss mit!"

They get up at seven o'clock.   **Jane gets up at seven o'clock.**
Sie stehen um sieben Uhr auf.   *Jane steht um sieben Uhr auf.*
The children leave the house at a quarter past eight.
Die Kinder verlassen um Viertel nach acht das Haus.
Paul leaves the house at eight o'clock.
Paul verlässt um acht Uhr das Haus.

4 ✎

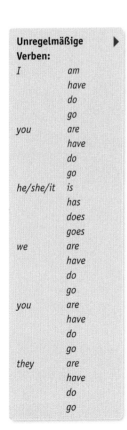

Unregelmäßige Verben:

I	am
	have
	do
	go
you	are
	have
	do
	go
he/she/it	is
	has
	does
	goes
we	are
	have
	do
	go
you	are
	have
	do
	go
they	are
	have
	do
	go

Schreiben Sie die fehlenden Verben in die Lücken.

> gets up   live   works
> loves   take

1. We _____ in Manchester.

2. Ben and Jane _____ the bus to school.

3. Paul _____ at seven o'clock.

4. Kate _____ in a shop.

5. She _____ shopping.

5

Unregelmäßige Verben

Einige Verben haben eine **unregelmäßige** Form im **present simple**. Dies sind vor allem die Hilfsverben **do** (*tun*), **be** (*sein*), **have** (*haben*) sowie das Verb **go** (*gehen*). Sehen Sie sich dazu die Tabelle links an.

Ben and Jane go to school.   **Paul goes to work.**
Ben und Jane gehen in die Schule. *Paul geht zur Arbeit.*
Paul and Kate have two children. **Ben has a little sister.**
Paul und Kate haben zwei Kinder.   *Ben hat eine kleine Schwester.*

6

Diese Bilder zeigen einen typischen Montag im Leben von Jane.
Sehen Sie sich die Bilder an und schreiben Sie dann in der dritten Person
(z.B. **She gets up.**) in die Lücken, was Jane auf den Bildern macht.
Auf der CD können Sie hören, was Jane Ihnen über ihren Montag erzählt.

> **Lerntipp!**
> Viele der Übungen, die
> Ihnen etwas schwerer
> gefallen sind als ande-
> re, können Sie bei Ge-
> legenheit wiederholen,
> wenn Sie möchten. Sie
> lernen so schneller und
> es kostet Sie nur ein
> paar Minuten.

> I have breakfast
> at home.

> Then I go to
> school by bus.

> In the morning,
> I have maths.

> In the break, I go
> to the library.

> After lunch,
> I have sports.

1. Jane _____

2. Then she _____

3. _____

4. _____

5. _____

◀ **maths** – *Mathe*
break – *Pause*
library – *Bibliothek/
Bücherei*
lunch – *Mittagessen*

7 👓

Verwendung des present simple
Das **present simple** wird für allgemein gültige Aussagen oder Feststellungen in der Gegenwart benutzt. Man kann damit generelle Informationen
über Personen oder Dinge geben, die sich normalerweise nicht ständig ver-
ändern.

> **Kate works in a shop.**   *Kate arbeitet in einem Laden.*
> **Paul drives to work every day.** *Paul fährt jeden Tag zur Arbeit.*

Man kann das **present simple** auch benutzen, um Gewohnheiten oder sich
regelmäßig wiederholende Handlungen zu beschreiben, wobei oftmals Signalwörter wie **usually** (*normalerweise*), **always** (*immer*), **every day** (*jeden
Tag*) oder **never** (*nie*) vorkommen. Achtung! Hierbei steht das Signalwort
immer vor dem Verb, nicht danach!

> **She always drinks coffee on Sundays.**
> *Sie trinkt sonntags immer Kaffee.*
> **Kate usually goes shopping on Mondays.**
> *Normalerweise geht Kate montags einkaufen.*

Present simple / Kate trifft eine Freundin

8 ✐

Sehen Sie sich die Bilder an. Schreiben Sie dann ein passendes Verb aus der Box im **present simple** in der richtigen Form in die Lücken.

 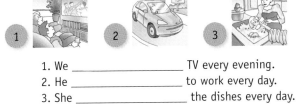

watch – *ansehen,* ▶
schauen
drive – *fahren*
clean – *sauber-*
machen, putzen
dishes – *Geschirr*
cycle – *Fahrrad fahren*

1. We _____ TV every evening.
2. He _____ to work every day.
3. She _____ the dishes every day.
4. They _____ home every evening.

9 TR.08 👓

Beim Einkaufen trifft Kate eine alte Schulfreundin. Lesen Sie den Dialog und versuchen Sie, so viel wie möglich zu verstehen. Sie können sich das Gespräch auch auf der CD anhören.

believe – *glauben* ▶
fine – *gut/prima*
still – *noch/immer*
noch
remember – *sich*
erinnern
really – *wirklich*
married – *verheiratet*
primary school
– *Grundschule*
visit – *Besuch*
as – *als*
sister – *Schwester*
wedding – *Hochzeit*
listen – *zuhören*
a lot of – *viel*
meet – *treffen*
sure – *sicher*
maybe – *vielleicht*
station – *Bahnhof*
by – *an/bei*
there – *dorthin*
often – *oft*
nice – *nett/schön*
see you – *bis bald*

Kate: Louise? Is that you?
Louise: Kate? Oh, I don't believe it! It's you! How are you?
Kate: I'm fine. How are you?
Louise: Fine, fine. Do you still live here in Manchester?
Kate: Yes, I still live here. Do you remember Paul?
Louise: Yes, I do. Does he still live here?
Kate: Yes, he does. We're married now. Paul works in a bank. But what about you? Are you here on a visit?
Louise: Yes, I am. It's my sister's wedding on Saturday, so I'm here for that. I now live in Edinburgh.
Kate: Oh, really? And what do you do there?
Louise: I work as a teacher in a primary school. And you? What do you do?
Kate: I work in a shop.
Louise: Listen, I don't have a lot of time now. Can we meet for a coffee tomorrow?
Kate: Yes, sure. What time?
Louise: Two o'clock, maybe?
Kate: That's OK. Two o'clock at the coffee bar by the station? I often go there. It's a nice place.
Louise: Fine. See you tomorrow!
Kate: Bye!

10 ✏

Verneinung

Man kann Sätze im **present simple** verneinen, indem man dem Hauptverb **do not/don't** bzw. **does not/doesn't** voranstellt. Hierbei wechselt in der 3. Person Singular das **-s** vom Hauptverb zum Hilfsverb (**does**). Das Hauptverb bleibt für alle Personen immer unverändert.

▶ § 26 **Verneinung**

Kate lives in Manchester.	*Kate wohnt in Manchester.*
Kate doesn't live in London.	*Kate wohnt nicht in London.*
I remember Paul.	*Ich erinnere mich an Paul.*
I don't remember John.	*Ich erinnere mich nicht an John.*

11 🎧 ✏

Als Paul noch keine Familie hatte, hatte er viel mehr Zeit für seine Hobbys. Lesen Sie, was Paul jetzt alles nicht mehr (**not any more**) macht, und unterstreichen Sie die korrekte Form der Verneinung.
Sie können Ihre Lösungen auch überprüfen, indem Sie die CD hören.

1. Well, I have a family, so I *don't have / haven't / not have* so much time for myself any more.
2. I *go not / don't go / isn't go* to the pub with my mates any more. Well, not so often, anyway.
3. And I *go not / 'm not go / don't go* swimming so often, either.
4. I *never / isn't / always* go out during the week. I'm always at home.
5. But the good thing is, I *isn't / don't / not* work so much overtime either!

◀ **well** – *nun/na ja*
any more – *nicht mehr*
much – *viel*
myself – *mich/mich selbst*
pub – *Kneipe*
mate – *Kumpel/Freund*
anyway – *jedenfalls*
either – *auch nicht*
during – *während*
week – *Woche*
overtime – *Überstunden*

12 👓

Fragen

Zur Bildung von **Fragen** benötigt man, wie bei der Verneinung, ebenfalls das Hilfsverb **do** bzw. **does**. Dieses stellt man einfach an den Anfang des Fragesatzes.

▶ § 6 **Das Bilden von Fragen**

Do you still **live** here?	*Wohnst du immer noch hier?*
Does Louise **work** in a school?	*Arbeitet Louise in einer Schule?*

Auch bei Fragen steht das Hauptverb immer in der Grundform, d.h. ohne **s**-Endung in der dritten Person Singular.

13 👓

▶ § 4 Das Verb *be*

Das Verb be

Wir haben bereits gesehen, dass das Verb **be** (*sein*) im **present simple** unregelmäßig ist. Die Formen von **be** sind:

I	**am** (*bin*)	we	**are** (*sind*)
you	**are** (*bist*)	you	**are** (*seid/sind*)
he/she/it	**is** (*ist*)	they	**are** (*sind*)

Aus den Personalpronomen (**I**, **you**, **he**, etc.) und dem Verb **be** im **present simple** wird sehr häufig eine verkürzte Form gebildet. Der erste Buchstabe des Verbs wird weggelassen und durch einen Apostroph ersetzt.

I'm	**we're**
you're	**you're**
he's/she's/it's	**they're**

Wenn man **be** verneinen oder Fragen damit bilden möchte, braucht man das Hilfsverb **do** nicht.

Bei **Verneinungen** wird einfach nur **not** hinter das Verb gestellt.

I'm not stupid.   **He's not the best.**
Ich bin nicht blöd.   *Er ist nicht der Beste.*

In **Fragen** werden Subjekt und Objekt vertauscht.

Are you not cold?   **Is he still in Manchester?**
Ist dir nicht kalt?   *Ist er immer noch in Manchester?*

Nice to know

In verneinten Sätzen gibt es zwei Formen der Verkürzung:
He's not German.
oder
He isn't German.
You're not Italian.
oder
You aren't Italian.
They're not late.
oder
They aren't late.
We're not angry.
oder
We aren't angry.

14 ✏️

Bringen Sie diese Fragen und Sätze in die richtige Reihenfolge und schreiben Sie sie in die Lücken.

1. John / you / Do / know / ? _____

2. he / Is / Japanese / ? _____

3. at / Jane / school / isn't / . _____

4. not / happy / We're / very / . _____

5. read / she / a / book / Does / ? _____

6. tired / you / Are / ? _____

15 👓

Kurzantworten

Auf Fragen, die mit **Ja** oder **Nein** beantwortet werden können, reagiert man
im Englischen häufig mit einer so genannten **Kurzantwort**. Hierzu wird das
Hilfsverb aus der Frage wieder aufgenommen und in der entsprechenden
Form in der Antwort wiederholt. Wird die Frage verneint, hängt man einfach
not an das Verb an.

▸ § 10 **Kurzantworten**

> **Do you like Manchester?** *Mögen sie Manchester?*
> **Yes, I do.**   **No, I don't.**
> *Ja, (das tu ich).*   *Nein, (das tu ich nicht).*

> **Does Ben like chocolate?** *Mag Ben Schokolade?*
> **Yes, he does.**   **No, he doesn't.**
> *Ja, (das tut er).*   *Nein, (das tut er nicht).*

> **Is London beautiful?** *Ist London schön?*
> **Yes, it is.**   **No, it isn't.**
> *Ja, (das ist es).*   *Nein, (das ist es nicht).*

> **Are you tired?** *Bist du müde?*
> **Yes, I am.**   **No, I'm not.**
> *Ja, (das bin ich).* *Nein, (das bin ich nicht).*

Nice to know

Im Englischen klingt
es oft sehr direkt und
unhöflich, wenn man
Fragen nur mit **Yes**
oder **No** beantwortet.
Benutzen Sie immer die
entsprechende Kurzant-
wort und Sie werden
gleich viel freundlicher
klingen!

16 ✐

Sehen Sie sich die Bilder an und beantworten Sie dann die Fragen, indem
Sie die passende Kurzantwort in die Lücke schreiben
(z.B. **Is he tired? Yes, he is. / No, he isn't.**).

◀ **fat** – *dick, fett*
thin – *dünn*
cycle – *Fahrrad fahren*
angry – *wütend,*
verärgert

Is he fat?

_____

Are they thin?

_____

Does he cycle?

_____

Do they play football?

_____

Is she angry?

_____

Present simple

17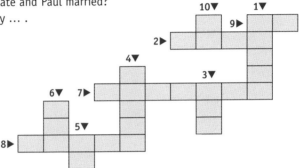

Sehen Sie sich die Sätze an und schreiben Sie das jeweils fehlende Wort in das Gitter. Achtung! Auch Apostrophe (') benötigen ein eigenes Kästchen!

1. Kate ... from London.
2. Does Paul work in a bank?
Yes, he ... .
3. Ben's ... a football player.
4. Louise ... in a school.
5. Are you tired? Yes, I ... .
6. Are Kate and Paul married?
Yes, they ... .

7. Does Louise work in a bank?
No, she ... .
8. Jane ... a book.
9. Ben ... Jane's brother.
10. Do you remember John?
Yes, I ... .

18 ✎

Großtante Hermione ist zu Besuch und fragt Jane über ihren Schulalltag aus. Die Zeiten haben sich geändert, seit sie selbst einmal zur Schule ging. Ergänzen Sie das Gespräch, indem Sie die fehlenden Wörter in die Lücken schreiben.

great aunt – *Groß-tante*
wear – *tragen*
tie – *Krawatte*
jumper – *Pullover*
skirt – *Rock*
brother – *Bruder*

Nice to know

Im Englischen sagt man oft **I see.** um auszudrücken, dass man etwas zwar versteht, es darum aber noch lange nicht gutheißt!

---

does	do	wear	don't	wear	don't	does

1. **Great Aunt:** So, Jane, _____ you _____ a tie to school?

2. **Jane:** No, we _____. We _____ a uniform, but it's a jumper and skirt.

3. **Great Aunt:** I see. What about your brother, _____ he wear a tie?

4. **Jane:** Yes, he _____. Boys wear ties in our school, and girls _____.

5. **Great Aunt:** No ties for girls ... I see ... Very modern.

*3. Person **present simple** / Verneinung*

1 ✎

Wandeln Sie diese Sätze in die dritte Person Singular (**he**) um
(z.B. **I walk home. - He walks home.**).

1. I drive to work. _____

2. I like swimming. _____

3. I don't go
to work by bus. _____

4. I don't read
many books. _____

5. I'm very thin. _____

6. I'm not angry. _____

2 ✎

Verneinen Sie diese Sätze, indem Sie die Verben in der entsprechenden Form
in die Lücken schreiben (z.B. Hermione **lives** in Manchester. - Hermione
doesn't live in Manchester.)

1. Paul is Japanese.   Paul _____ Japanese.

2. Kate reads books.   Kate _____ books.

3. Ben and Jane like bananas. Ben and Jane _____ bananas.

4. We watch TV every evening. We _____ TV every evening.

5. I'm very angry.   I _____ very angry.

6. They play football.   They _____ football.

7. The apples are green.   The apples _____ green.

Kurzantworten

3

Lesen Sie die Fragen und wählen Sie durch Ankreuzen die korrekte
Antwort aus.

1. Do you like chocolate?
   - ■ a. No, I'm not.
   - ■ b. Yes, I do.
   - ■ c. Yes, I doesn't.

2. Does Ben like swimming?
   - ■ a. No, he doesn't.
   - ■ b. Yes, he is.
   - ■ c. No, he don't.

3. Do you go to work by bus?
   - ■ a. No, I do.
   - ■ b. Yes, I do.
   - ■ c. Yes, I does.

4. Is Kate a teacher?
   - ■ a. No, she aren't.
   - ■ b. No, she isn't.
   - ■ c. No, she doesn't.

5. Are you a teacher?
   - ■ a. Yes, I'm not.
   - ■ b. Yes, I do.
   - ■ c. Yes, I am.

4 TR. 10

Bilden Sie Fragen, indem Sie die korrekte Wortgruppe unterstreichen und
wählen Sie dann die passende Antwort aus.
Sie können Ihre Lösungen auch überprüfen, indem Sie sich die CD anhören.

1. *Know you / Do you know / You know* Kate? _____

2. *Does Kate / Kate does / Is Kate* smoke? _____

smoke – *rauchen* ▶

3. *Jane is / Is Jane / Does Jane* from Birmingham? _____

4. *You are / Do you / Are you* cold? _____

Yes, I do.   No, she isn't.   Yes, I am.   No, she doesn't.

1 TR. 11

Auf diesem Bild sehen Sie Pauls Familie. Lesen Sie, was Paul über seine Familienmitglieder zu sagen hat, oder hören Sie es sich, wenn Sie möchten, auf der CD an. Ordnen Sie dann die Sätze den richtigen Personen zu, indem Sie die entsprechende Ziffer in die Kästchen schreiben.

◀ **mother** – *Mutter*
father – *Vater*
homework – *Hausaufgaben*
visit – *besuchen*

☐ a. These are my kids. I help them with their homework.

☐ b. This is my sister. She often visits us.

☐ c. This is my mother. I like her very much.

☐ d. This is my father. He comes to see me every day.

☐ e. That is my brother. I often play tennis with him.

2 TR. 12

Können Sie die Satzanfänge auf der linken Seite mit den passenden Enden auf der rechten Seite verbinden? Die Lösung können Sie auch auf der CD überprüfen.

1. Ben's got
2. He has to
3. My daughter's always
4. She's
5. Do you want to

a. out. I never see her.
b. see them?
c. his exams this year.
d. fifteen years old.
e. study a lot.

◀ **have got** – *haben*
have to – *müssen*
daughter – *Tochter*
want – *wollen*
out – *aus/weg*
her – *sie/ihr*
them – *sie/ihnen*
his – *sein/seine*
exam – *Prüfung*
year – *Jahr*
study – *studieren/ lernen*
a lot – *viel*

3 👓

▶ § 20 **Pronomen**

Personalpronomen
Wenn man die handelnde Person (das Subjekt) in einem Satz nicht immer wiederholen möchte, kann man sie durch ein **Personalpronomen** (**he**, **she**, **it**, ...) ersetzen.

Nice to know

Wortschatz
Im Englischen gibt es keinen Unterschied zwischen **du**, **ihr** und **Sie**. Und auch nicht zwischen **dich**, **dir**, **euch** und **Ihnen**. Es bleibt immer bei **you**.

Paul arrives at the bank.	**He arrives at the bank.**
Paul kommt in der Bank an.	*Er kommt in der Bank an.*
Ben and Jane go to school.	**They go to school.**
Ben und Jane gehen in die Schule.	*Sie gehen in die Schule.*

Die Form des **Personalpronomens** kann sich ändern, wenn es nicht die handelnde Person (das Subjekt), sondern das Objekt im Satz ersetzt.

Paul speaks to Kate.	**Paul speaks to her.**
Paul spricht mit Kate.	*Paul spricht mit ihr.*
Kate speaks to Paul.	**Kate speaks to him.**
Kate spricht mit Paul.	*Kate spricht mit ihm.*

Subjektpronomen
I (*ich*)	I go home.
you (*du/Sie*)	You are very nice.
he (*er*)	He plays tennis.
she (*sie*)	She reads.
it (*es*)	It is very nice.
we (*wir*)	We are a family.
you (*ihr/Sie*)	You are wonderful.
they (*sie*)	They go home.

Objektpronomen
me (*mir/mich*)	He likes me.
you (*dir/dich*)	He likes you.
him (*ihm/ihn*)	I like him.
her (*ihr/sie*)	I like her.
it (*ihm/es*)	I like it.
us (*uns*)	He likes us.
you (*euch/Sie*)	He likes you.
them (*ihnen/sie*)	He likes them.

4

Kate und Louise sitzen zusammen im Café. Sie haben sich wirklich lange nicht mehr gesehen und tauschen nun Neuigkeiten aus.
Lesen Sie den Dialog oder hören Sie sich ihn auf Ihrer CD an.
Markieren Sie dann alle **Personalpronomen** im Text.

Louise: Kate, it's so good to see you! And you're married to Paul, that's wonderful!
Kate: Yes, I'm married to him. And we've got two teenage kids.
Louise: Really? Oh, tell me all about them!
Kate: Well, Ben's sixteen now and Jane's fourteen. They're both at school, and they're out a lot. We don't see them much.

Louise: Yeah, I know all about that. I've got a daughter, you know. She's fifteen. She's always out, too. I never see her at all.
Kate: Well, at that age they really have their own life ...
Louise: That's true.
Kate: Well, what can we do? Anyway, Ben's got his exams this year, so he has to be at home more to study.
Louise: Oh, yes, school exams ... Do you remember when we ...?
Kate: Yes, of course. Wait, I've got some pictures here from last year, with some people you know. Do you want to see them?
Louise: Oh yes, please.

> **tell** – *sagen/erzählen*
> **both** – *beide*
> **too** – *auch*
> **at all** – *überhaupt*
> **age** – *Alter*
> **own** – *eigener/eigen/ eigenes*
> **life** – *Leben*
> **true** – *wahr*
> **when** – *wenn/als*
> **wait** – *warten*
> **some** – *einige, ein paar*
> **picture** – *Bild, Foto*
> **last** – *letzter/letzte/ letztes*
> **people** – *Leute*

Lerntipp!
Oft müssen Sie sich noch unbekannte Wörter selbst erschließen. Stellen Sie sich dabei z.B. folgende Frage: Kenne ich ein deutsches Wort, das ähnlich ist?
Manchmal kennt man auch schon eine Vokabel, die denselben Wortstamm hat. Wenn Sie z.B. wissen, was **know** heißt, können Sie sicher auch erraten was **knowledge** bedeutet. Und zu guter Letzt lassen sich viele Wörter auch aus dem Zusammenhang erschließen.

5

Entziffern Sie diese Sätze und schreiben Sie sie auf ein Blatt Papier (z.B. **I s e e t h e m .** – I see them.).

1. S h e o f t e n s e e s h e r .
2. I n e v e r p l a y t e n n i s w i t h h i m .
3. T h e y a l w a y s v i s i t u s .
4. S h e v i s i t s h e r i n t h e e v e n i n g .
5. S h e n e v e r t a l k s a b o u t t h e m .
6. W e p l a y f o o t b a l l o n S a t u r d a y s .
7. D o y o u r e m e m b e r h e r ?

6 ✐

Lesen Sie die Sätze und schreiben Sie dann die Sätze mit den korrekten Personalpronomen in die Lücken.

> He meets him.   They talk about him.
> We see them.   She meets her.
> He talks about them.   She sees her.

1. Jane and I see Ben and Paul. _____

2. Kate sees Jane. _____

3. Paul meets Ben. _____

4. Kate meets Louise. _____

5. Ben and Jane talk about Paul. _____

6. Paul talks about his children. _____

7 ✐

Zur Familie gehört auch Hermione, Kates Tante.
Lesen Sie den Text über Hermione und schreiben Sie jeweils das passende
Personalpronomen in die Lücken.

nearly – *fast* ▶
visit – *besuchen*
enjoy – *genießen*
talk – *sich
unterhalten/sprechen*
however – *jedoch/wie
auch immer*
say – *sagen*
think – *denken/
glauben*
question – *Frage*
ask – *fragen*
should – *sollten*

Hermione is Kate's aunt. 1. _____ is nearly 80 years old

and lives near Kate and Paul. 2. _____ often visits 3.

_____. Kate really likes 4. _____ and

enjoys 5. _____ visits. 6. _____ drink

tea and talk. Ben and Jane, however, are not so happy. Ben says: "7.

_____ don't think my great aunt likes 8. _____

_____. 9. _____ always asks 10. _____

____ stupid questions about school. 11. _____ should

listen to 12. _____!" And Aunt Hermione says: "Kate's

children are wonderful. Ben really likes 13. _____. He

enjoys talking about his school so much. And Paul, I really like 14.

_____, too."

8 TR. 14

Have und **have got**

Im britischen Englisch wird anstatt **have** oft die Form **have got** benutzt. In der gesprochenen Sprache wird **have** dann meist zu **'ve** und **has** zu **'s** verkürzt.

Sehen Sie sich noch einmal diese Beispiele aus dem Dialog an bzw. hören Sie sie sich auf der CD an:

We've got two kids.	*Wir haben zwei Kinder.*
I've got some pictures.	*Ich habe ein paar Fotos.*

▶ § 7 **Das Verb**
have/have got

Wenn man **have got** verneint, braucht man das Hilfsverb **do** nicht. Nach **have** wird einfach **not** eingefügt, wobei dann oft zu **haven't** bzw. **hasn't** verkürzt wird.

Kate hasn't got three children.
Kate hat keine drei Kinder.
Paul and Kate haven't got a big house.
Paul und Kate haben kein großes Haus.

Nice to know

Im amerikanischen Englisch wird **have got** nicht benutzt. Man sagt dort nur **have**:
He has a lot of money.
I don't have a lot of time.

Bei Fragen wird **have/has** an den Anfang der Frage gestellt und **got** steht direkt nach dem Subjekt (der handelnden Person).

Has Kate got three children?	*Hat Kate drei Kinder?*
Have we got apples?	*Haben wir Äpfel?*

9

Sehen Sie sich die Bilder an. Schreiben Sie dann die jeweils korrekte Form von **have got** in die Lücke.

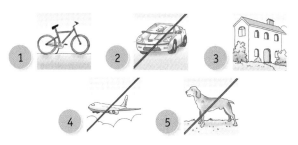

1. Ben _____ a bicycle.
2. I _____ a car.
3. We _____ a house.
4. They _____ an airplane.
5. He _____ a dog.

Lerntipp!

Sicherlich haben Sie schon bemerkt, dass das britische und das amerikanische Englisch sich nicht nur in der Aussprache unterscheiden, sondern dass manche Vokabeln auch ganz verschieden sind oder unterschiedlich geschrieben werden. In diesem Kurs lernen Sie britisches Englisch, im Wortverzeichnis finden Sie jedoch auch amerikanische Varianten.

◀ **bicycle** – *Fahrrad*
airplane – *Flugzeug*

Im Café / Demonstrativpronomen

10 TR. 15

recognize – *erkennen* ▶
let – *lassen*
where – *wo*
look – *schauen/ aussehen*
different – *anders*
my goodness – *meine Güte*
same – *gleich*
who – *wer*
next to – *neben*
those – *jene*
hope – *hoffen*

Hier sehen Sie den zweiten Teil des Gesprächs zwischen Kate und Louise im Café.
Lesen Sie den Dialog oder hören Sie sich ihn auf Ihrer CD an.
Der Text enthält viele der englischen Demonstrativpronomen **this**, **that**, **these** und **those**. Markieren Sie alle Demonstrativpronomen, die Sie finden können.

Kate: Let me see, where have I got them? Ah, here they are. Look, do you recognize these people?

Louise: No, I don't. Oh, wait, is that Julia?

Kate: Yes, that's right. That is Julia. She looks very different now!

Louise: Yes, totally. And this? Is this Paul?

Kate: Yes, it is.

Louise: My goodness, he still looks just the same. And here, next to him? Who's that?

Kate: That's Keith. Do you remember him? The best in our class at school? He now works at the airport. And those two are his children.

Louise: We really are old now. Everyone's got teenage children.

Kate: I know. Listen, have you got some time on Sunday? We could have a barbecue in the garden.

Louise: Sounds good. Can I bring my daughter?

Kate: Yes, sure. Let's hope for good weather!

Lerntipp!

Das Markieren von Textstellen oder Wörtern kann sehr hilfreich sein. Nehmen Sie sich ab und an die Zeit, einen Text aus einer englischen Zeitung oder eine Passage aus einem Buch nach Ihren eigenen Vorgaben zu bearbeiten. So können Sie zum Beispiel eine Zeitform, die Sie gerade gelernt haben, im Text markieren und in den unterschiedlichen Zusammenhängen lernen. Oder Sie können Wörter, die Ihnen nicht geläufig sind, hervorheben und gezielt üben. Ihren eigenen Ideen sind da keine Grenzen gesetzt.

11

Demonstrativpronomen

Wenn man etwas besonders herausheben möchte, benutzt man die **Demonstrativpronomen this** und **that** für einzelne Personen oder Objekte, oder **these** und **those** für mehrere. Dabei stehen **this** und **these** immer für Personen oder Sachen, die dem Betrachter näher sind, und **that** und **those** für Personen oder Sachen, die weiter entfernt sind.

12

Sehen Sie sich die Bildpaare an. Lesen Sie den Satz bzw. hören Sie ihn sich an und entscheiden Sie, zu welchem Bild er besser passt, indem Sie den entsprechenden Buchstaben in das Kästchen eintragen.

This is a banana and that's an orange. ☐

This is Kate and that's Paul. ☐

These are apples and those are lemons. ☐

◀ **lemon** – *Zitrone*

These are Ben and Jane,
and those are Paul and Kate. ☐

13

Unterstreichen Sie das Wort, das den Satz korrekt ergänzt.

1. *These / That / This* are bananas.
2. *These / This / Those* is an apple.
3. *That / Those / These* is Paul.
4. *Those / These / This* is a dog.

14 🖉

Schreiben Sie das passende Wort aus dem Kasten in die Lücken.
Aber Vorsicht! Wenn sie alle Wörter richtig in die Lücken eingetragen und
dann im Kasten durchgestrichen haben, bleiben zwei Wörter übrig.
Welcher Satz lässt sich daraus bilden?

they	Have	got	This	fun	him
her	them	Has	Those		

1. Ben's _____ a bicycle.

2. _____ are tomatoes.

3. Louise? Oh, yes, Kate knows _____.

4. The family? Yes, _____'ve got a garden.

5. _____ here is my car.

6. _____ Jane got a bicycle?

7. Ben and Jane? Yes, we know _____.

8. Paul? Do you know _____?

15 🖉

Unterstreichen Sie jeweils das Pronomen, das nicht zu den anderen passt.

1. this	that	those	him
2. he	me	she	it
3. those	that	these	her
4. that	him	her	you
5. we	they	us	it
6. he	she	it	him
7. them	she	it	he
8. us	we	you	those
9. him	her	it	I
10. this	that	you	those
11. them	us	me	he
12. him	she	I	we
13. she	her	I	they
14. them	we	he	she
15. it	she	he	that

1

Ersetzen Sie die in Klammern angegebenen Personen durch das passende
Personalpronomen.

1. Jane likes _____ (Ben and I).

2. _____ (Paul and Ben) often play football.

3. _____ (Louise and I) like shopping.

4. Kate goes to visit _____ (Louise).

5. Paul speaks to _____ (Ben).

6. We all like _____ (Paul and Kate).

2 TR. 17

Welcher Satz passt zum Bild? Markieren Sie die passende Aussage durch
Ankreuzen. Wenn Sie möchten, können Sie sich die Sätze auch auf Ihrer CD
anhören.

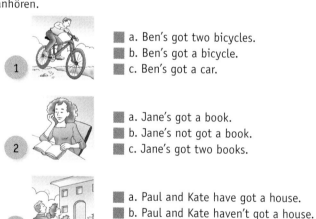

1
- a. Ben's got two bicycles.
- b. Ben's got a bicycle.
- c. Ben's got a car.

2
- a. Jane's got a book.
- b. Jane's not got a book.
- c. Jane's got two books.

3
- a. Paul and Kate have got a house.
- b. Paul and Kate haven't got a house.
- c. Jane's got a house.

4
- a. Ben hasn't got a car.
- b. Ben's got two cars.
- c. Ben hasn't got a dog.

5
- a. Jane hasn't got two dogs.
- b. Jane's got two dogs.
- c. Jane hasn't got a dog.

3

Unterstreichen Sie das richtige Demonstrativpronomen.

1. *Those / This / These* is my sister Kate.
2. *That / These / Those* is a dog.
3. *This / These / That* are Ben and Jane.
4. *This / That / These* are bananas.
5. *Those / That / This* are apples.

4

Schreiben Sie ein passendes Demonstrativpronomen (**this that, these** oder **those**) in die Lücken.

_____ are apples.

_____ are apples.

_____ is a car.

_____ is a car.

5

Bringen Sie die Wörter in diesen kurzen Sätzen wieder in die richtige Reihenfolge und schreiben Sie sie auf ein Blatt Papier.

1. Sunday / her / He / every / visits / .
2. bring / They / us / cakes / often / .
3. many / We / together / do / things / .
4. much / very / like / you / I / .
5. café / You / go / the / me / to / with / .
6. We / play / with / never / him / football / .

1 `TR. 18`

Verbinden Sie die Beispielsätze auf der linken Seite mit einem passenden
Verb auf der rechten Seite. Sie können sich die Sätze auch auf Ihrer CD anhören.

1. Ben's riding a bicycle.
2. Jane's playing the piano.
3. We're watching TV.
4. Paul's driving home.
5. Are they going to the theatre?

a. watch
b. go
c. drive
d. ride
e. play

> **Nice to know**
>
> Im Englischen gibt es
> zwei Möglichkeiten
> *Fahrrad fahren* aus-
> zudrücken: Man kann
> sagen **cycle** oder **ride a
> bike** – man fährt also
> nicht Fahrrad, sondern
> man reitet es!

2 `TR. 19`

Es ist Samstagnachmittag bei Kate und Paul. Sehen Sie sich an, was die Familienmitglieder gerade tun. Lesen Sie dann die Sätze und schreiben Sie die
entsprechenden Verben in die Lücken.
Ihre Lösungen können Sie auch überprüfen, indem Sie sich Ihre CD anhören.

> sleeping   listening   playing
> eating   watering   washing

1. Jane is _____ a cake.

2. Ben is _____ to music.

3. Kate is _____ the garden.

4. Jane is _____ the piano.

5. Paul is _____ the car.

6. The cat is _____ .

> ◀ **eat** – *essen*
> **water** – *gießen*
> **cat** – *Katze*
> **sleep** – *schlafen*

We're having a barbecue! / Present continuous

3

Lesen Sie den Text bzw. hören Sie sich den Dialog auf Ihrer CD an.
Markieren Sie alle **ing-Formen** (**present continuous**) im Text.

was – *war*
on earth – *auf Erden*
roast dinner – *Bratengericht*
everything – *alles*
ourselves – *selbst*
by the way – *übrigens*
early – *früh*
afternoon – *Nachmittag*
no problem – *kein Problem*
famous – *berühmt*
egg salad – *Eiersalat*
perhaps – *vielleicht*

Kate: Hi everyone. I'm back!
Paul: Hi, how was the coffee with Louise?
Kate: Really nice. What on earth are you doing?
Paul: We're cooking dinner!
Ben: We're making a roast dinner for tonight ...
Paul: ... and you're not helping us! We're doing everything ourselves!
Kate: OK, fantastic! By the way, Louise and her daughter are coming here on Saturday.
Paul: Really? Good, we can have a barbecue then. But you know I'm playing tennis with Michael in the early afternoon.
Kate: Yes, sure, I know. Louise is coming at six. I hope that's not too early for you?
Paul: Oh, that's no problem. We usually finish at four o'clock. Are you making your famous egg salad?
Ben: Yes, please, Mum!
Kate: Well, perhaps ...

Nice to know

Ein typisch englisches **roast dinner** besteht aus **meat** (*Fleisch*), **roast potatoes** (*Röstkartoffeln*), **vegetables** (*Gemüse*) und **gravy** (*Bratensoße*). Manchmal gibt es auch **Yorkshire puddings** (ähnlich wie herzhafte Windbeutel) dazu.

▶ § 17 **Das** *present continuous*

4

Formen des present continuous
Eine weitere englische Form der Gegenwart ist das so genannte **present continuous**. Es wird gebildet, indem man an die Grundform des Verbs **-ing** anhängt. Diese Verbform wird immer in Kombination mit einer passenden Form des Hilfsverbs **be** benutzt.

Einige Verben haben bei der Bildung der **ing-Form** Besonderheiten.
Endet ein Verb auf **–e**, so fällt dieser Buchstabe weg:

make	making	**We're making a cake.**
		Wir machen einen Kuchen.
take	taking	**I'm taking an aspirin.**
		Ich nehme ein Aspirin.

Endet ein Verb auf einen Vokal + einen Konsonant, so wird der letzte Konsonant verdoppelt:

sit	sitting	**They're sitting in the garden.**
		Sie sitzen im Garten.
shop	shopping	**Kate's shopping in the supermarket.**
		Kate kauft im Supermarkt ein.

5 👓

Gebrauch des present continuous
Das **present continuous** wird verwendet, wenn:
- etwas genau im Moment des Sprechens geschieht,

   It's four o'clock. Ben and Paul are making dinner.
   Es ist vier Uhr. Ben und Paul machen gerade das Abendessen.

- etwas im Moment gültig ist, aber nicht notwendigerweise genau zum Zeitpunkt des Sprechens geschieht,

   Paul is very tired. He's working too much at the moment.
   Paul ist sehr müde. Er arbeitet im Moment zu viel.

- etwas in naher Zukunft geschehen wird und schon so fest geplant ist, dass es sich aller Voraussicht nach nicht mehr ändern wird.

   Louise is coming to visit.   *Louise kommt zu Besuch.*

Für routinemäßige Abläufe und sich regelmäßig wiederholende Handlungen verwendet man dagegen das **present simple**.
Man benutzt das **present continuous** daher auch oft, um etwas, das im Moment geschieht, mit etwas zu vergleichen, das normalerweise geschieht.

   Kate usually cooks on Saturdays.
   Normalerweise kocht Kate samstags.
   This Saturday, Paul and Ben are cooking.
   Diesen Samstag kochen Paul und Ben.

> **Nice to know**
> Wenn Sie im Deutschen *momentan, im Moment,* oder *gerade* sagen würden, dann können Sie im Englischen das **present continuous** benutzen!

> **Nice to know**
> **Study** kann im Englischen sowohl *lernen* als auch *studieren* bedeuten. Sehr junge Schüler bezeichnet man als **pupils**, ab 16 Jahren ist aber jeder Schüler ein **student**.

6 ✏️

Lesen Sie, worüber Ben sich beschwert, und ergänzen Sie die fehlenden Verben im **present continuous**.

> do   work   do   learn   give   study   write   be

Well, this year is really horrible. We 1. _____ so

hard, I don't believe it. The teachers 2. _____

us so much homework that we 3. _____ until

late in the evening. Today I 4. _____ two essays

for English, one for history, and then I 5. _____

_ my maths homework as well! Jane's lucky, she 6. _____

_____ nothing at all! She plays with the cat all afternoon and then she

comes and asks me: "7. _____ you _____ again?"

◀ **horrible**
 – *fürchterlich/ schrecklich*
 homework – *Hausaufgaben*
 late – *spät*
 until – *bis*
 essay – *Aufsatz*
 as well – *auch noch*
 nothing – *nichts*
 history – *Geschichte*
 be lucky – *Glück haben*
 again – *wieder*

*Verneinung und Fragen im **present continuous***

7 👓

Verneinung

Sätze im **present continuous** verneint man, indem man dem Hilfsverb **be** ein **not** nachstellt. Dabei wird die Form von **be** oft verkürzt und entweder mit dem Subjekt oder mit **not** zusammengezogen:

You're not helping us!	**You aren't helping us!**
Du hilfst uns nicht!	*Du hilfst uns nicht!*
Jane's not riding a bicycle.	**Jane isn't riding a bicycle.**
Jane fährt nicht Fahrrad.	*Jane fährt nicht Fahrrad.*

8 ✐

Schreiben Sie die fehlenden Wörter in die Lücken.

> isn't   'm not   not   aren't

1. We _____ playing golf.

2. She's _____ a good swimmer.

3. He _____ a fast driver.

tired – *müde* ▶

4. I _____ tired.

9 👓

Fragen

Zur Bildung von Fragen wird einfach das Subjekt mit der Form von **be** vertauscht.

You are making egg salad.	**Are you making egg salad?**
Du machst Eiersalat.	*Machst du Eiersalat?*
Louise is staying for dinner.	**Is Louise staying for dinner?**
Louise bleibt zum Abendessen.	*Bleibt Louise zum Abendessen?*

10 ✐

Unterstreichen Sie die korrekte Form der Fragebildung.

1. *Is you / you are / Are you* staying for dinner?
2. *Paul is / Is Paul / Paul has* playing tennis with Michael?
3. *Are they / they are / Is they* riding a bicycle?
4. *She is / Are she / Is she* a good cook?

11

Kurzantworten

Auf Fragen im **present continuous**, die mit **ja** oder **nein** beantwortet werden können, kann man oft kurz antworten, indem man ein **Personalpronomen** und das Verb **be** in der passenden Form wiederholt.

Is **Kate cooking dinner?**	**Are you learning English?**
Yes, she is.	**Yes, I am.**
No, she isn't./No, she's not.	**No, I'm not.**

Lerntipp!

Kurzantworten können mit allen englischen Zeitformen gebildet werden. Schauen Sie sich daher ruhig noch einmal die Bildung der Kurzantworten im **present simple** im Modul 2 an. Je öfter Sie ein Thema wiederholen oder es mit einem neuen Thema vergleichen, umso besser können Sie es sich merken und das Gelernte auch anwenden.

12

Kreuzen Sie die korrekte Antwort auf die Frage an.

1. Are you watching TV?
   - a. No, I'm not.
   - b. No, I don't.
   - c. No, I isn't.

2. Is Paul drinking a beer?
   - a. Yes, he are.
   - b. Yes, he does.
   - c. Yes, he is.

3. Are the children sleeping?
   - a. Yes, they aren't.
   - b. No, they don't.
   - c. No, they aren't.

4. Are you tired?
   - a. No, I not.
   - b. Yes, I am.
   - c. Yes, I do.

13 TR. 21

Sehen Sie sich die Bilder an und beantworten Sie dann die Fragen mit einer passenden Kurzantwort (z. B. **Yes, he is.** / **No, they aren't.**).
Wenn Sie möchten, können Sie sich die Fragen auf Ihrer CD anhören.

1. Is he playing football? _____

2. Are they dancing? _____

3. Are they cleaning their room? _____

4. Is he doing his homework? _____

Nice to know

Vorsicht Falle! Im Englischen heißt es **I'm doing my homework** (nicht **making!**).

4

Present simple oder continuous?

14 👓

§ 17 Das *present continuous*

§ 19 Das *present simple*

Present simple oder **continuous**?
Im Englischen gibt es zwei Zeitformen, um die Gegenwart auszudrücken:
das **present continuous** und das **present simple**.

Sie haben gelernt, dass das **present continuous** dann benutzt wird, wenn etwas im Moment des Sprechens geschieht oder gültig ist oder wenn etwas für die Zukunft fest geplant ist.

Im Gegensatz dazu wird das **present simple** nur dann benutzt, wenn man eine allgemein gültige Aussage oder Feststellung macht oder um eine Gewohnheit oder regelmäßig wiederkehrende Handlung auszudrücken.

Je nachdem, welche Zeitform man benutzt, kann ein Satz also eine andere Bedeutung bekommen.

Nice to know

Im Deutschen werden **present simple** und **present continuous** genau gleich übersetzt:
Kate cooks every day.
Kate kocht jeden Tag.
Kate is cooking today.
Kate kocht heute.

I don't drink coffee.
bedeutet, dass ich nie Kaffee trinke.
I'm not drinking coffee.
bedeutet, dass ich im Moment keinen Kaffee trinke, sondern etwas anderes.

15 ✏️

Schreiben Sie die Verben in die passende Lücke. Achten Sie dabei darauf, ob Sie das **present continuous** oder das **present simple** benötigen.

> is reading   reads   Are ... going   go
> works   isn't working   plays   is playing

1. Paul _____ tennis this Saturday. He always

   _____ tennis on Saturdays.

2. It's nine o'clock and Kate _____ a book.

   She often _____ in the evening.

3. It's Sunday and Louise _____. She never

   _____ on Sundays.

4. _____ you _____

   home now? Yes, I usually _____ home at

   five o'clock.

16 TR.22 ✎

Entscheiden Sie bei jedem Satz, ob er etwas beschreibt, das die Person normalerweise (**usually**) macht, oder ob er etwas beschreibt, dass die Person nur im Moment (**at the moment**) tut. Schreiben Sie dann **A** für **usually** bzw. **B** für **at the moment** in das Kästchen daneben. Die Lösung können Sie sich auch auf Ihrer CD anhören. Erst werden alle Sätze im **present simple**, dann die im **present continuous** gesprochen.

1. I go swimming once a week. ☐
   I'm going swimming a lot. ☐
2. Paul is taking the train. ☐
   Paul drives to work. ☐
3. Ben plays football on Mondays. ☐
   Ben's playing in a big match! ☐
4. She's not working late today. ☐
   Kate works late. ☐

17 ✎

Im folgenden Text spricht Kate über die Sommerferien der Familie. Ergänzen Sie die Verben in der korrekten Form - manchmal benötigen Sie das **present continuous**, manchmal das **present simple**. Als Hilfestellung sind die Grundformen der benötigten Verben in Klammern angegeben!

Well, normally we 1. _____ (spend) our holidays in the South of England. We 2. _____ (rent) a small cottage by the sea and 3. _____ (relax) on the beach. We 4. _____ (cook) in the evenings and we 5. _____ (play) games together. But this year, we 6. _____ (go) to France. We 7. _____ (drive) there and we 8. _____ (stay) on a camping site in Southern France. It'll be a wonderful holiday, so I 9. _____ (not complain)!

Nice to know

Im Englischen sagt man oft **go + -ing**:
I go swimming.
Ich gehe schwimmen.
I go jogging.
Ich gehen joggen.

Im **present continuous** sagt man dann **going + -ing**:
I'm going swimming.
I'm going jogging.

◀ **once** – *einmal*
complain – *sich beschweren*

Nice to know

Anstatt *Ich freue mich wahnsinnig!* sagt man mit typisch britischer Untertreibung oft **I'm not complaining.** (*Ich beschwere mich nicht.*), wenn man über etwas glücklich ist.

◀ **normally** – *normalerweise*
spend – *verbringen*
holiday – *Ferien/Urlaub*
South of England – *Südengland*
rent – *mieten*
small – *klein*
cottage – *Hütte/kleines Haus*
sea – *Meer*
beach – *Strand*
game – *Spiel*
camping site – *Campingplatz*
Southern France – *Südfrankreich*

18 ✎

Die **ing-Formen** folgender Verben sind im Gitter versteckt (waagerecht, senkrecht oder diagonal). Können Sie alle Verben finden?

1. look	7. listen	13. take
2. dance	8. drive	14. make
3. feed	9. drink	15. need
4. be	10. speak	16. work
5. have	11. live	17. leave
6. learn	12. write	

J	Z	O	P	L	O	O	K	I	N	G	B	O	O	S
U	U	E	J	I	D	U	K	Y	E	A	E	P	K	J
L	Q	K	O	L	J	X	F	E	E	D	I	N	G	P
J	I	L	U	E	A	L	G		D	P	N	W	S	K
W	P	V	L	A	W	O	R	K	I	N	G	P	U	U
R	U	J	I	R	E	A	D	I	N	G	H	A	Y	T
I	P	U	S	N	D	P	R	R	G	U	G	J	J	T
T	D	Q	T	I	G	U	I	J	I	O	I	J	N	W
I	A	J	E	N	B	H	N	P	D	V	V	L	M	A
N	N	K	N	G	M	A	K	I	N	G	I	D	E	U
G	C	J	I	J	N	V	I	L	Z	A	N	N	P	J
U	I	U	N	N	M	I	N	J	J	E	G	Q	G	Q
J	N	O	G	L	G	N	G	Z	Q	F	O	J	L	K
Z	G	L	X	U	Z	G	S	P	E	A	K	I	N	G
L	E	A	V	I	N	G	H	N	O	E	J	C	H	E

19 📝

Nun sind Sie fast fertig mit dem Modul. **Very good!**
Schreiben Sie nun noch diese Sätze in ihrer richtigen Reihenfolge auf.

1. garden / watering / We / the / 're / .
2. He / book / a / reading / 's / .
3. driving / 's / a / car / He / .
4. 's / She / armchair / in / sitting / an / .
5. We / dinner / 're / making / .

*Verben im **present continuous***

1 ✐

Finden Sie zu jedem Bild einen passenden Satz und schreiben Sie die entsprechende Ziffer in das Kästchen.

a. He's listening to music. ☐   e. He's drinking. ☐

b. He's playing tennis. ☐   g. He's swimming. ☐

c. He's playing golf. ☐   h. She's reading. ☐

d. She's cycling. ☐   i. She's singing. ☐

2 ✐

Was tun die Leute auf den Bildern? Ergänzen Sie die Sätze mit einem passenden Verb im present continuous.

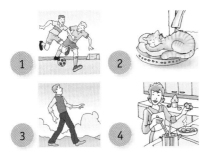

1. They _____ football.

2. The cat _____.

3. He _____.

4. She _____ dinner.

*Verneinung / Fragen und Antworten / **Present simple** oder **continuous**?*

3

Ergänzen Sie jeden Satz mit der korrekten Form, indem Sie diese unterstreichen.

1. She *not going / isn't going / isn't go* there.
2. I *not being / be not / 'm not* leaving.
3. *Is you / Are you / You're* working?
4. *She are / Are she / Is she* coming?

4

Lesen Sie die Frage und wählen Sie dann die korrekte Antwort aus.

1. Is he sleeping? Yes, he is. / No, he is. / No, he doesn't.
2. Does she drive? No, she don't. / No, she isn't. / No, she doesn't.
3. Are you going jogging? No, I am. / Yes, I am. / Yes, I'm.
4. Are they leaving? No, they're not. / Yes, they aren't. / No, they don't.

5

Schreiben Sie die fehlenden Verben in der korrekten Form (**present simple** oder **present continuous**) in die Lücken!
Die Grundform der Verben, die Sie benötigen, ist jeweils in Klammern angegeben.

1. I usually _____ (read) a book in the evening.
2. Today, I _____ (drive) to work. I need the car there.
3. She often _____ (prepare) dinner for the family.
4. Today, she _____ (prepare) a roast dinner.
5. They never _____ (leave) the house before seven in the morning.
6. I always _____ (eat) breakfast.

1

Ben und Jane haben große Pläne, was sie in der Zukunft alles machen möchten – und sie sind sehr überzeugt davon, dass sie das alles auch schaffen werden!

Diese Sätze, die Sie sich auch auf Ihrer CD anhören können, beschreiben die Pläne von Ben und Jane. Verbinden Sie sie mit dem jeweils passenden Bild.

a. I'll drive a big car!
b. I'll become a doctor!
c. I'll go to university and study law!
d. I'll earn a lot of money!
e. I won't drive a big car!

> **Nice to know**
>
> Vorsicht! **Become** heißt auf Deutsch *werden*, nicht, wie man vermuten könnte, *bekommen*! Stellen Sie sich einmal folgendes Gespräch vor:
> **Tourist:**
> **Waiter, when will I become my steak?**
> **Waiter:**
> **I hope never, sir.**

> ◀ **law** – *Jura/Recht*
> **earn** – *verdienen*
> **will** – *werden*
> **won't** – *nicht werden*
> **waiter** – *Kellner*

2 TR. 24

Auch Kate hat Pläne für Ben und Jane - diese befassen sich aber mehr mit der direkten Zukunft ihrer Kinder.

Lesen Sie die Sätze laut bzw. hören Sie auf Ihrer CD, was Kates Pläne für ihre Kinder sind. Sprechen Sie dann die Sätze laut nach.

1. Ben will go to college next year.
2. Jane will learn to dance.
3. Ben will take his driving test next year.
4. Jane won't learn French any more.
5. Ben won't have time to play football.

> ◀ **driving test** – *Führerscheinprüfung*

> **Nice to know**
>
> Auf Englisch *nimmt* man eine Prüfung, man *macht* sie nicht:
> **Ben will take his driving test next year.**

*Das **will future** / Vorbereitungen fürs Grillfest*

3

▶ § 27 **Das** *will future*

Bildung des will future

Das **will future** wird aus dem Hilfsverb **will** und der Grundform des Voll-verbs gebildet. Hierbei steht **will** immer vor dem Verb und wird oft zu **'ll** verkürzt. Verneinte Sätze bildet man, indem man nach dem **will** ein **not** einfügt. Dies wird dann meist verkürzt zu **won't**.

> I'll **prepare the steaks.**
> I **won't put garlic in the salad.**

Bei der Bildung des **will future** muss man nicht auf das **-s** in der 3. Person Singular achten. Die Form ist für alle Personen gleich.

Nice to know

Im Deutschen kann man das **will future** auf zwei Arten über-setzen:

Ben will take his dri-ving test next year.
Ben wird nächstes Jahr seine Führerschein-prüfung machen.
oder
Ben macht nächstes Jahr seine Führerschein-prüfung.

---

need – *müssen,* ▶
brauchen
set up – *aufstellen*
barbecue – *Grill*
kitchen – *Küche*
manage – *schaffen*
fridge – *Kühlschrank*
garlic – *Knoblauch*
use – *benutzen*
enough – *genug*
break – *zerbrechen
/kaputtmachen*
if – *wenn/falls*
careful – *vorsichtig*
already – *schon*
soon – *bald*

---

4 `TR. 25`

Es ist Samstagnachmittag und heute kommen Louise und ihre Tochter zum Grillen. Paul und Kate sind in der Küche und bereiten das Essen vor.
Lesen Sie den Dialog oder hören Sie ihn sich auf der CD an.

Paul: OK then, what do we need to do?
Kate: Well, I'm making the salad now, and then I think, I'll prepare the steaks.
Paul: I'll set up the barbecue, then. Will you need me in the kitchen later?
Kate: Let me think ... No, I won't. I'll manage.
Paul: All right. I'll look after the drinks. I'll put some white wine in the fridge.
Kate: Fine. Now, the salad. I won't put garlic in it, is that all right?
Paul: Yes, sure. Oh, and we won't use the good glasses, I think.
Kate: Why not? The children are old enough, they won't break them if they are careful.
Paul: OK, we'll use them, then. Oh, it's five o'clock already! They'll be here soon.

Entscheiden Sie nun, ob die Sätze falsch (Kreuz) oder richtig (Häkchen) sind.

1. Kate will prepare the steaks. ■
2. Paul will put some beer in the fridge. ■
3. Kate won't put garlic in the salad. ■
4. They will use the good glasses. ■

5

Gebrauch des will future

Das **will future** wird benutzt, um über zukünftige Ereignisse zu sprechen.
Man kann damit:

- Vorhersagen machen,

    I think it'll rain tomorrow. *Ich denke, es wird morgen regnen.*

- spontane Entscheidungen ausdrücken,

    I won't put garlic in the salad. *Ich werde keinen Knoblauch in den Salat tun.*

- über die Zukunft nachdenken

    Maybe I'll go to the cinema tomorrow. *Vielleicht werde ich morgen ins Kino gehen.*

- und Dinge zusagen oder absagen.

    I'll set up the barbecue. *Ich werde den Grill aufstellen.*
    I won't need you in the kitchen later. *Ich werde dich später nicht in der Küche brauchen.*

> **Nice to know**
>
> Das **will future** können Sie auch im Restaurant benutzen, wenn Sie Ihr Essen bestellen. Sagen Sie einfach **I'll have** + das Gericht, welches Sie bestellen möchten.
> **Waiter: What can I get you?**
> **Customer: I'll have a steak, please.**

6 ✎

Paul und Kate besprechen den geplanten Urlaub in Südfrankreich. Schreiben Sie die fehlenden Verben im **will future** in die Lücken. Die Verben, die Sie benötigen, stehen in ihrer Grundform in Klammern neben der Lücke. Manchmal brauchen Sie die **positive**, manchmal die **negative** Form.

Kate: We 1. _____ (leave) the house at

8 in the morning, so we 2. _____

(arrive) in Dover at about 4 in the afternoon.

Paul: Oh, no, it 3. _____ (take) us that

long. I think the drive 4. _____

(take) 5 hours at most.

Kate: OK, so we 5. _____ (have) extra

time in Dover.

Paul: Yes, we 6. _____ (need) that

because I 7. _____ (want) to go

duty-free shopping!

◀ **leave** – *verlassen*
arrive – *ankommen*
about – *ungefähr*
drive – *Fahrt*
it takes us – *wir brauchen* (Zeit)
hour – *Stunde*
at most – *höchstens*
that long – *so lange*
because – *weil*
duty-free – *zollfrei*

7

Fragen und Kurzantworten

Fragen im **will future** bildet man, indem man das Subjekt und **will** vertauscht. Auf Fragen im **will future**, die mit *ja* oder *nein* beantwortet werden können, kann man eine Kurzantwort geben, indem man nach **yes** oder
no das Personalpronomen und die passende Form von **will** anhängt.
Negative Fragen bildet man, indem man **will** durch **won't** ersetzt oder indem man nach dem Subjekt ein **not** einfügt:

> **Won't you come tomorrow?** *Wirst du morgen nicht kommen?*
> **Will you not come tomorrow?** *Wirst du morgen nicht kommen?*

8

Die folgenden Fragen im **will future** sind durcheinander gepurzelt!
Schreiben Sie sie in ihrer richtigen Reihenfolge auf.

1. come / Will / tomorrow / they / here / ?
2. his / Ben / take / driving test / Won't / ?
3. you / Will / him / later / phone / ?
4. Won't / the / cake / he / bring / ?
5. you / way / find / the / Will / ?
6. go / Jane / university / Will / to / ?

9

Lesen Sie die Fragen oder hören Sie sie sich auf der CD an.
Kreuzen Sie dann die grammatikalisch richtigen Antworten an.
Es können auch mehrere Antworten richtig sein!

1. Will you go home early today?
   - a. Yes, I will.
   - b. No, I won't.
   - c. Yes, I'll.
   - d. Yes, I do.

2. Will they buy the apples?
   - a. No, they will.
   - b. No, they won't.
   - c. No, they don't.
   - d. No, they aren't.

3. Will Kate make chips?
   - a. Yes, she will.
   - b. No, she willn't.
   - c. No, she want.
   - d. No, she woesn't.

4. Will he drive to work?
   - a. Yes, he will.
   - b. No, he won't.
   - c. He'll.
   - d. No, she won't.

10 👓

Das will future mit if
Wenn man Bedingungen in der Zukunft ausdrücken will, benutzt man im Hauptsatz das **will future** und im Nebensatz mit **if** (*wenn/falls*) das **present simple**.

> **I'll make a salad if you help me.**
> *Ich mache einen Salat, wenn Du mir hilfst.*

Die Stellung von Haupt- und Nebensatz kann dabei ohne Bedeutungsunterschied vertauscht werden. Man muss aber beachten, dass im Englischen nur dann ein Komma gesetzt wird, wenn der if-Satz zuerst kommt.

> **I won't go swimming if it rains tomorrow.**
> *Ich werde nicht schwimmen gehen, wenn es morgen regnet.*
> **If it rains tomorrow, I won't go swimming.**
> *Wenn es morgen regnet, werde ich nicht schwimmen gehen.*

▶ § 8 **Der Bedingungssatz mit** *if*

Lerntipp!
Es ist sinnvoll, sich die Grammatikregeln immer wieder zu vergegenwärtigen. Vor allem, wenn Sie sich bei einem bestimmten Thema unsicher sind.
In diesem Buch finden Sie eine Zusammenfassung aller Grammatikthemen, die behandelt werden. Schlagen Sie am besten alles nach, was Ihnen beim Lösen der Übungen Schwierigkeiten bereitet.

11 🗒

Entziffern Sie diese Sätze! Schreiben Sie sie richtig auf.

1. I'llbebackearlyifthereisn'tsomuchtraffic.
2. PaulwillsetupthebarbecueifKatepreparesthesteaks.
3. Theywillphoneusiftheycan'tfindtheway.

◀ **traffic** – *Verkehr*
phone – *anrufen/telefonieren*

12 ✏

Unterstreichen Sie zu den Satzanfängen das jeweils richtige Ende. Denken Sie dabei daran, dass man das **will future** nur in den Nebensätzen mit **if** benutzt.

1. I won't go to the park tomorrow if *it rains. / it will rain. / it is raining.*
2. She'll go to university if *she will work hard. / she works hard. / she is working hard.*
3. If I finish my work, *I'll go home early. / I go home early. / I going home early.*
4. If he gets the job, *he is very happy. / he be very happy. / he will be very happy.*

Tipp zur Lösung!
In if-Sätzen, die Bedingungen in der Zukunft ausdrücken, verwendet man im Hauptsatz das **will future** und im Nebensatz mit **if** das **present simple**.

Will future oder present continuous?

13 👓

Will future oder nicht?
Wenn man über feste Pläne und Vereinbarungen spricht, die sich aller Voraussicht nach nicht mehr ändern werden, benutzt man nicht das **will future**, sondern das **present continuous**.

Paul and Kate are going on holiday to Southern France.
> heißt, dass sie diese Entscheidung bereits in der Vergangenheit getroffen haben, dass die Reise gebucht und geplant ist und aller Voraussicht nach nicht mehr abgesagt wird.

Paul and Kate will go on holiday to Southern France.
> heißt, dass sie diese Entscheidung jetzt gerade treffen oder dass es sich bis jetzt nur um eine Idee handelt, die sich noch ändern kann.

Wenn man über die Zukunft spricht, benutzt man oft Ausdrücke wie **I think** (*ich denke*), **I hope** (*ich hoffe*), **I fear** (*ich fürchte*), **I suppose** (*ich nehme an*). Nach diesen Ausdrücken benutzt man immer das **will future**.

> **Nice to know**
>
> Wenn man über das englische Lieblingsthema Wetter diskutieren will, nimmt man immer das **will future** – denn das kann man ja nie 100%ig vorhersagen!

14 🎵 TR.27 ✏

Lesen Sie die Sätze oder hören Sie sie sich auf Ihrer CD an. Entscheiden Sie jeweils, ob das **present continuous** oder das **will-future** vorliegt, und geben Sie dann die Zeitform in der Lücke an
(**pc = present continuous**, **wf = will-future**).

1. Will you come back later? _____

2. Are you leaving? _____

3. Paul isn't preparing the barbecue. _____

4. He won't come. _____

5. We're going on holiday. _____

6. I think it'll rain soon. _____

15 ✎

Unterstreichen Sie die korrekten Formen.

1. Kate and Paul *are having / will have / have* a barbecue tonight.
2. I *'m going / 'll go / go* on holiday tomorrow.
3. I think I *'ll phone / phone / 'm phoning* you later.
4. Jane hopes she *studies / is studying / will study* law when she is older.

16 ✎

Ergänzen Sie die Sätze mit dem angegebenen Verb im **present continuous** oder **will future**.

1. I think it _____ (rain) soon. There are

   many clouds in the sky.

2. I _____ (go) to the cinema tonight. I

   have the tickets.

3. Maybe I _____ (phone) him later.

4. We _____ (have) a barbecue tomorrow.

   We already have the food.

5. Paul _____ (come). He is ill.

6. I hope he _____ (be) back soon.

7. I think I _____ (do) my homework

   now.

8. Paul _____ (drive) us back. He knows

   he has to do that.

Nice to know

Wenn man über feste Pläne und Vereinbarungen spricht, die sich aller Voraussicht nach nicht mehr ändern werden, benutzt man das **present continuous.**

Das **will future** benutzt man hingegen, wenn man eine spontane Entscheidung trifft oder wenn man von Ideen oder Ereignissen spricht, die sich noch ändern können.

Nach Ausdrücken wie **I think, I hope, I fear** oder **I suppose** benutzt man immer das **will future.**

◀ **cloud** – *Wolke*
   sky – *Himmel*
   ill – *krank*

*Rätselspaß mit dem **will future***

17

Bringen Sie diese Sätze in die richtige Reihenfolge.

1. year / Ben / next / go / will / to / college / .
2. French / will / learn / not / any / more / Jane / .
3. up / I'll / barbecue / the / set / .
4. put / I / the / garlic / won't / in / salad / .

18

Lösen Sie das Kreuzworträtsel, indem Sie die Sätze mit einem jeweils passenden Verb ergänzen.

1. Louise won't ... the flowers.
2. Jane will ... the piano.
3. Kate will ... the steaks.
4. Jane will ... to university.
5. Paul will ... a book.
6. Paul will ... the car home.
7. We'll ... at the table and eat.
8. I'm very tired. I'll ... very well.
9. I'll ... him later. I want to speak to him.
10. Ben will ... a doctor.
11. Louise and Kate will ... in a café.
12. I'll ... the bus.
13. They're having a baby, and they'll ... her Emma.
14. I'll ... a lot of English if I practise.

practise – *üben* ▶

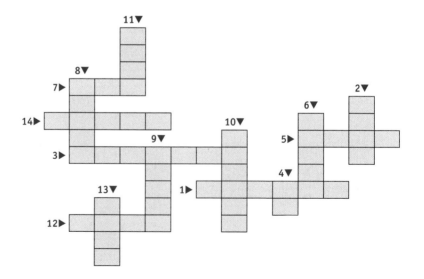

*Verben im **will future***

1

Unterstreichen Sie die für den Satz passende Verbform.

1. Paul and Jane *will goes / will go / is going* on holiday next year.
2. Jane *will go / will going / are go* to university.
3. Ben *not will become / won't become/ will becoming* a doctor.
4. Next year, Kate *will learning/ will learns / will learn* Spanish.
5. Paul *won't works / won't work / won't working* more next year.
6. Kate*'ll come / 'll comes / does coming* home early today.
7. Ben *will finishes / is finishing / will finish* the work tomorrow.
8. Jane *will studies / 'll study / not will study* law.

2

Setzen Sie in den folgenden Text die fehlenden Verben im **will future** ein!
Die deutsche Übersetzung der gesuchten Verben steht in Klammern hinter
der Lücke.

They 1. _____ (*verlassen*) the house at 8 in the

morning, and they 2. _____ (*ankommen*) in

Dover at about 1 in the afternoon. The drive 3. _____

_____ (*sein*) about 5 hours, so they 4. _____

(*haben*) extra time in Dover. They 5. _____

(*brauchen*) that because Paul 6. _____ (*wollen*)

to go duty-free shopping.

*Kurzantworten / Sätze mit **if***

3

Lesen Sie die Fragen oder hören Sie sie sich auf Ihrer CD an. Unterstreichen Sie dann jeweils die passende Antwort.

1. Will they be here soon?
Yes, they will. / Yes, they are. / Yes, they do.

2. Will it rain tomorrow?
No, it doesn't. / No, it won't. / No, it isn't.

3. Will you phone me?
Yes, I will. / Yes, I won't. / No, I want.

4. Will she bring the cake?
No, she isn't. / No, she doesn't. / No, she won't.

5. Will you drive?
Yes, I will. / Yes, I. / No, I will.

4

Lesen Sie die Satzanfänge und kreuzen Sie jeweils das korrekte Ende an.

1. I'll go home early if
☐ a. I'll finish my work.
☐ b. I am finishing my work.
☐ c. I finish my work.

2. She won't go out if
☐ a. it rains.
☐ b. it is raining.
☐ c. it'll rain.

3. If you buy the bananas,
☐ a. I'll buy the apples.
☐ b. I buy the apples.
☐ c. I'm buying the apples.

4. If they arrive early,
☐ a. we'll have more time.
☐ b. we're having more time.
☐ c. we have more time.

5

Schreiben Sie diese Sätze in ihrer richtigen Reihenfolge auf.

1. to / Kate / isn't / cinema / coming / the / .
2. now / I / I / 'll / my / think / homework / finish / .
3. I / it / hope / won't / tonight / rain / .
4. phone / Maybe / will / us / Paul / later / .
5. Ben / Next / test / year, / will / his / driving / take / .

1

Erinnern Sie sich, was die Familie Smith diesen Samstagnachmittag gemacht hat?
Ordnen Sie den Sätzen die richtigen Bilder zu.
Die Sätze können Sie sich auch auf Ihrer CD anhören.

1. Kate prepared dinner. ☐   4. Jane cleaned her room. ☐

2. Jane ate a piece of cake. ☐   5. Jane played the piano. ☐

3. Paul drank a beer. ☐

◀ **ate** – *aß/aßt/aßen*
drank – *trank/ trankst/tranken/trankt*

2

Können Sie die Fragen auf der linken Seite mit den passenden Antworten auf der rechten Seite verbinden?
Ihre Lösung können Sie auch überprüfen, indem Sie sich die CD anhören.

1. Did she go swimming?   a. Yes, he did.
2. Did he take his test?   b. No, it didn't.
3. Did they buy the apples?   c. No, we didn't.
4. Did you find the way?   d. No, she didn't.
5. Did it rain yesterday?   e. Yes, I did.
6. Did Paul and you know that? f. Yes, they did.

◀ **find** – *finden*
yesterday – *gestern*

Erinnerungen / Das past simple

3 TR. 31 🕶

delicious – *lecker*
recipe – *Kochrezept*
remind – *jemanden
erinnern*
decide – *sich ent-
scheiden*
apply – *sich bewerben*
fellow student
*– Kommilitone/
Studienkollege*

Es ist Samstagabend und Louise und ihre Tochter sind zum Grillen gekommen. Jetzt werden Erinnerungen ausgetauscht.
Lesen Sie den Dialog bzw. hören Sie sich ihn auf der CD an und versuchen Sie, so viel wie möglich zu verstehen.

Louise: Mmh, this salad is delicious! Did you make it?
Kate: Yes, I did. I got the recipe from Suzanne. Do you remember her?
Louise: Yes, I do. Didn't she go to the USA to study?
Kate: Yes, she did, but she wasn't there for very long. She now lives just outside Manchester.
Louise: Oh, really? I must contact her. Have you got her number?
Kate: Yes, remind me later and I'll give it to you. But what about you? What did you do after you left Manchester?
Louise: Well, I went to university in Exeter and studied teaching. When I finished I got a job in Edinburgh so I decided to move up there.
Kate: Didn't you apply for jobs around Manchester?
Louise: Well – no, I didn't. You see, I fell in love with a fellow student. James was from Edinburgh and he really wanted to go back there. He didn't like the South at all, so I followed him to Scotland.
Kate: And do you like it there?
Louise: Yes, it's great. There is so much to do …

Nice to know

Ein **recipe** gibt es nur im Kochbuch! Der Zettel, den Sie beim Arzt bekommen, heißt im Englischen **prescription**. Beim Einkaufen oder im Restaurant bekommen Sie auch oft ein **receipt** – eine Quittung.

4 🕶

▶ § 14 **Das** *past simple*

Bildung des past simple

Zur Bildung des **past simple** - der einfachen Vergangenheit - hängt man bei regelmäßigen Verben an die Grundform des Verbs (**work**, **listen**, **play**) die Endung **-ed** an.

> **Jane played the piano.**
> **Louise decided to move up to Edinburgh.**

Endet die Grundform des Verbs auf **-e**, so hängt man nur **-d** an.

> **Louise moved to Edinburgh.**
> **Kate arrived home late from work.**

Endet die Grundform des Verbs auf einen Konsonanten **+ y**, so wird das **-y** weggelassen und **-ied** angehängt:

> **Suzanne studied in the USA.**

Die **past simple** Form der Verben ist für alle Personen gleich.

5 👓

Unregelmäßige Verben
Viele der häufig gebrauchten englischen Verben haben eine unregelmäßige
past simple-Form.

Kate **had** no time yesterday.	von	**have**
Kate **got** the recipe from Suzanne.	von	**get**
Kate **made** the salad.	von	**make**
Louise **went** to university in Exeter.	von	**go**

Eine Liste aller unregelmäßigen Verben, die bis Modul 6 in diesem Kurs vor-
gekommen sind, finden Sie rechts am Rand.

▶ § 23 **Unregelmäßige Verben**

Infinitiv	past simple
write	wrote
have	had
go	went
speak	spoke
do	did
be	was, were
make	made
read	read
drive	drove
know	knew
buy	bought
drink	drank
see	saw
tell	told
leave	left
say	said
think	thought
swim	swam
ride	rode
sleep	slept
sit	sat
feed	fed
sing	sang
meet	met
take	took
eat	ate
fall	fell
wear	wore
drink	drank
get	got

6 🖉

Diese **past simple**-Formen sind durcheinander geraten!
Schreiben Sie die Verben in die Lücken.

1. wtoer _____   5. akdrn _____

2. ovred _____   6. pesok _____

3. ubogth_____   7. nwek _____

4. gttuhho _____   8. tem _____

7 🖉

Finden Sie heraus, was Tante Hermione zu erzählen hat. Schreiben Sie die
angegebenen Verben im **past simple** in die Lücken.

Well, when I 1. _____ (be) young, life 2. _____ (be)
very different. I 3. _____ (have) four sisters, and we all 4.
_____ (go) to the same school. We 5. _____
_____ (walk) there, and it 6. _____ (take) us an
hour. Nobody 7. _____ (drive) cars then. Sometimes we 8.
_____ (buy) sweets in a little shop. At school, I 9. _____
_____ (learn) a lot. Our teachers 10. _____ (ask)
us so many questions! We 11. _____ (read) Shakespeare
and we 12. _____ (sit) still all day. We 13. _____
(think) our teachers 14. _____ (know) everything!

◀ **young** – *jung*
nobody – *niemand*
sweets – *Süßigkeiten*
little – *klein*
all day – *den ganzen Tag*

*Zeitangaben und das **past simple***

8

Verwendung des past simple
Man benutzt das **past simple**, um über abgeschlossene Handlungen oder
Ereignisse in der Vergangenheit zu sprechen.

> **Kate went to school with Louise**.
> *Kate ging mit Louise zur Schule.*
> **Paul and Kate got married.**
> *Paul und Kate haben geheiratet.*

Zusammen mit dem **past simple** werden oft Zeitangaben benutzt, die sich
auf die Vergangenheit beziehen, wie z.B. **yesterday** (*gestern*), **last week**
(*letzte Woche*), **a year ago** (*vor einem Jahr*) oder **in 1989** (*1989*).

Diese Zeitangaben können entweder am Anfang eines Satzes stehen oder
an dessen Ende. Stehen Sie am Anfang, dann steht nach der Zeitangabe ein
Komma.

> **Paul and Kate got married in 1987.**
> **In 1987, Paul and Kate got married.**

9

Unterstreichen Sie das passende Verb.

> 1. Kate *drank / made / wrote* the salad.
> 2. Paul *spoke / left / was* to Louise.
> 3. Kate *said / thought / bought* a dress.
> 4. Jane *met / learned / saw* French.

10 TR.32

Schreiben Sie das passende Verb im **past simple** in die Lücken.
Die Lösung können Sie sich auch auf Ihrer CD anhören.

| sit | leave | meet | buy |

1. Kate _____ Louise in a café last Thursday.

2. Aunt Hermione _____ on a chair all evening.

3. Kate _____ a new dress.

4. Paul _____ the office late.

11

Fragen
Bei Fragen im **past simple** benutzt man **did** (**past simple** von **do**) und die Grundform des Vollverbs.

> **What did you do after you left Manchester?**
> *Was hast du gemacht, nachdem du aus Manchester weggegangen bist?*

Man kann auch negative Fragen bilden, indem man **didn't** (**did not**) und das Vollverb benutzt.

> **Didn't she go to the USA to study?**
> *Ist sie nicht in die USA gegangen, um zu studieren?*

Auf Fragen, die mit *ja* oder *nein* beantwortet werden können, gibt man oft Kurzantworten, indem man **did**/**didn't** mit einem passenden Personalpronomen verwendet.

> **Nice to know**
>
> **Did you?** Wird im Englischen sehr oft gebraucht, um auf eine Aussage zu reagieren:
> **I went to Australia last year.**
> **Oh, did you? What did you do there?**

12

Jane interessiert sich immer sehr für alles, was Tante Hermione zu erzählen hat, und sie stellt ihr viele Fragen. Lesen Sie Janes Fragen und kreuzen Sie die richtigen Antworten an.

1. Did you have a bicycle?
   - ▨ a. No, I didn't.
   - ▨ b. No, I hadn't.
   - ▨ c. No, I do not.

2. Did you always wear dresses?
   - ▨ a. Yes, I wore.
   - ▨ b. Yes, I did.
   - ▨ c. Yes, I do.

3. Did you go to school all day?
   - ▨ a. Yes, we do.
   - ▨ b. No, we don'tid.
   - ▨ c. Yes, we did.

4. Did you go dancing on Saturdays?
   - ▨ a. Yes, we danced.
   - ▨ b. Yes, we did.
   - ▨ c. Yes, we dance.

13

Verneinung
Möchte man Sätze verneinen, benutzt man **didn't/did not** und die Grundform des Vollverbs.

> **James didn't like the South at all.**
> **Kate didn't study teaching.**

6

*Das Verb **be** im **past simple***

14 👓

Das Verb be im past simple
Das Verb **be** funktioniert im **past simple** nicht wie andere Vollverben.

I was
you were
he/she/it was
we were
you were
they were

Zunächst hat es zwei Vergangenheitsformen: **was** und **were**. Schauen Sie sich die Tabelle rechts an.

Bei Verneinungen, Fragen und Kurzantworten mit **be** benutzt man nicht **did**, sondern nur **was** oder **were**.

Nice to know

Benutzen Sie die kurze Form **wasn't/weren't**, wenn Sie neutral klingen möchten, und die lange Form **was not/were not**, wenn Sie das **not** besonders betonen möchten.
I wasn't here.
I was not here!

Paul was at work yesterday.	*Paul war gestern bei der Arbeit.*
Louise wasn't in London.	*Louise war nicht in London.*
Were you at home last night?	**Yes, I was.** **No, I wasn't.**
Warst du gestern Abend zu Hause?	*Ja.* *Nein.*

15 ✏️

Unterstreichen Sie die korrekte Form.

1. Louise *wasn't / were / weren't* at university in Manchester.
2. *Were / Was / Did* you at the theatre last Saturday?
3. Were you at home yesterday? Yes, I *did / was / were*.
4. Paul and Kate *was / were / did* at the pub yesterday.

16 ✏️

Schreiben Sie die folgenden Sätze im **past simple** in die Lücken.

1. I don't go to school. _____

2. I buy cakes. _____

3. I am happy. _____

4. I'm not fat. _____

5. You're ready. _____

6. You're not angry. _____

7. Paul is at work. _____

8. Louise is tired. _____

17

Wählen Sie die richtige Verbform aus. Sie können dann Ihre CD anhören und auch so kontrollieren, ob Sie alles richtig gemacht haben.

1. We *listened not / didn't listened / didn't listen* to the radio.
2. They *did be / were / was* on holiday.
3. Louise *was / didn't / were* at university.
4. *Did you made / You made / Did you make* the salad?
5. Paul *did work / worked / was work* a lot.
6. He *didn't drove / didn't drive / didn't drived* home.
7. We *wasn't / didn't be / weren't* angry.
8. I *wasn't / weren't / didn't* tired.

18

Tante Hermione hat noch mehr zu erzählen.
Ergänzen Sie ihre Erzählung, indem Sie die Verben in der richtigen Form des **past simple** (positiv oder negativ) in die Lücken schreiben.

walk	think	stay	be	be	be
	not be	live	not work		
work	not go	eat	work	not have	

Well, we 1. _____ a car, and in the

summer we 2. _____ on holiday, we 3.

_____ at home. The summers in England 4. _____

_____ beautiful then, and we 5. _____

_____ unhappy at all. We 6. _____ ice cream in

the evenings and 7. _____ in the fields. We

8. _____ in the country, and we 9. _____

_____ it 10. _____ wonderful. We

11. _____ very hard, oh no! We only 12.

_____ hard at school, and our teachers 13.

_____ very strict!

◀ **summer** – *Sommer*
unhappy – *unglück-lich*
field – *Feld*
country – *Land*
hard – *hart*
strict – *streng*

*Verbformen im **past simple***

19 ✎

Schreiben Sie das passende Verb im **past simple** unter das Bild! Sie werden sehen, wie viele Verbformen Sie bereits kennen.

*Verben im **past simple***

1 ✎

Diese unregelmäßigen **past simple**-Formen sind durcheinander gepurzelt!
Schreiben Sie sie in die Lücken.
Die Bilder helfen Ihnen herauszufinden, welche Verben gesucht sind.

1. ewotr	2. roved	3. dkrna
_____	_____	_____
4. amsw	5. epslt	6. nags
_____	_____	_____

2

Ergänzen Sie die Sätze mit der richtigen Verbform im **past simple**, indem
Sie diese unterstreichen.

1. I *am not going / didn't went / didn't* go to school.
2. She *didn't study / didn't studied / study* law.
3. Did you *know / knew / knows* him?
4. She *plays / was playing / played* the piano.
5. She *didn't go / isn't going / goes* home early.

*Was haben sie gestern getan? / **Be** im **past simple** / Kurzantworten*

3 ✐

Beschreiben Sie mit einem Verb im **past simple**, was die Person im Bild gestern gemacht hat.

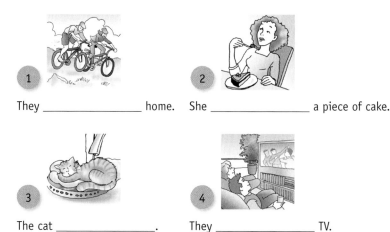

They _____ home.   She _____ a piece of cake.

The cat _____.   They _____ TV.

4 ✐

Schreiben Sie die passende Form von **be** im **past simple** (positiv oder verneint) in die Lücken.

1. He _____ a good student, really good!

2. Where _____ you yesterday?

   I thought you wanted to come!

3. I _____ very good at school. I didn't like it.

4. We _____ at the café yesterday because

   we had no time.

5 ✐

Beantworten Sie die Fragen mit einer passenden Kurzantwort im **past simple**! Sie können dabei positiv oder negativ antworten, wie Sie möchten.

1. Did he go swimming? _____

2. Did you see me? _____

3. Were you at home? _____

4. Was he there? _____

1

In Bens Zimmer herrscht Chaos. Betrachen Sie das Bild und ordnen Sie den darunter stehenden Sätzen jeweils den entsprechenden Bildausschnitt zu, indem Sie den korrekten Buchstaben notieren.

◀ **bag** – *Tasche*
nice – *schön*
trousers – *Hosen*
black – *schwarz*
white – *weiß*
wardrobe – *Kleider-schrank*
desk – *Schreibtisch*
untidy – *unordentlich*

1. This is a big poster. ☐
2. This is a nice bag. ☐
3. These are black trousers. ☐
4. This is an open wardrobe. ☐
5. This is an untidy desk. ☐

> **Nice to know**
>
> *Hosen* (**trousers**) sind im Englischen immer Plural. Man sagt auch oft *ein Paar Hosen* (**a pair of trousers**).

2

Testen Sie Ihre Kenntnisse der britischen Landeskunde und verbinden Sie die Satzanfänge auf der linken Seite mit einem passenden Ende auf der rechten Seite.

1. London is
2. Ben Nevis is
3. Scotland is
4. Ireland is as large as
5. Oxford has got
6. Big Ben is
7. The London Underground has got
8. The Thames is

a. larger than Wales.
b. the Serengeti in East Africa.
c. the UK's most famous bell.
d. the biggest city in the UK.
e. the world's longest escalators.
f. the UK's oldest university.
g. much smaller than the Rhine.
h. the highest mountain in the UK.

◀ **city** – *Großstadt*
mountain – *Berg*
bell – *Glocke*
escalator – *Rolltreppe*

Shopping for the summer holiday / *Adjektive*

3 TR.34

Kate und Jane sind im Kaufhaus, um einige Sachen für den Urlaub einzukaufen. Lesen bzw. hören Sie den Dialog und sehen Sie sich die Bilder an. Können Sie alles verstehen?

Nice to know

Es gibt im Englischen keinen Unterscheid zwischen *rosa* und *pink*. **Pink** bedeutet beides. Oft sagt man **light pink**, wenn man *rosa* meint, und **bright pink**, wenn man *pink* meint.

Kate: Jane, what about this T-shirt? Do you like it?

Jane: Mum, you know I don't like blue. This red one here is much nicer!

Kate: Yes, you're right, but it's more expensive. How about this one? It's red, too, but it's a bit cheaper.

Jane: Hmm, that one's OK. Ooooh, look at this pink one! It's nicer than all the others!

Kate: That's the most expensive T-shirt in the shop!

Jane: Yes, but it's also the nicest. I love pink, and it'll go nicely with my new trousers!

Kate: Well, if you want that one, you can only have one T-shirt. That one's as expensive as two others!

more – *mehr*
most – *am meisten*
go with – *passen zu*
than – *als*
as ... as – *so ... wie*
try on – *anprobieren*
go ahead! – *tu das!*
changing room – *Umkleidekabine*

Jane: Thanks! Can I try it on?

Kate: Go ahead, the changing room's over there.

Jane: It's too big! I need a smaller size.

Kate: What size have you got there?

Jane: A ten.

Kate: I'll get you a size eight, then ...

4 👓

Ein **Adjektiv** beschreibt, wie jemand oder etwas ist.
Adjektive sind im Englischen unveränderlich und stehen normalerweise direkt vor dem Wort, das sie beschreiben.

▶ § 2 **Adjektive**

two brown bags	*zwei braune Taschen*
an untidy desk	*ein unordentlicher Schreibtisch*

In manchen Fällen steht das Adjektiv aber auch nicht direkt vor dem Substantiv, sondern wird dem Verb **be** im Satz nachgestellt.

The bags we bought are brown.
Die Taschen, die wir gekauft haben, sind braun.

5

Steigerung von Adjektiven
Adjektive können gesteigert werden.
Von einsilbigen Adjektiven bildet man den **Komparativ** – die erste Steige-
rungsform – indem man einfach **-er** an das Adjektiv anhängt.
Um den **Superlativ** – die zweite Steigerungsform – zu bilden, wird
-est an das Adjektiv angehängt.

cheap	**cheaper**	**cheapest**
billig	*billiger*	*am billigsten*
high	**higher**	**highest**
hoch	*höher*	*am höchsten*

Auch einige zweisilbige Adjektive bilden so den Komparativ und den Superlativ.

clever	**cleverer**	**cleverest**
klug	*klüger*	*am klügsten*

Es gibt aber auch einige Besonderheiten:
Bei Adjektiven, die auf **-e** enden, wird nur **-r** oder **-st** angehängt:

nice   **nicer**   **nicest**

Bei zweisilbigen Adjektiven, die auf **-y** enden, fällt das **-y** weg, und es wird
-ier oder **-iest** angehängt:

happy   **happier**   **happiest**

Besteht ein Adjektiv aus der Kombination Konsonant – Vokal – Konsonant,
so wird der letzte Konsonant verdoppelt:

big   **bigger**   **biggest**

6 ✎

Schreiben Sie die passenden Adjektive in die Lücken.

> highest   cheaper   oldest   bigger

1. Russia is _____ than the UK.

2. A T-shirt is _____ than a winter coat.

3. Mount Kilimanjaro is the _____ mountain in Africa.

4. Ben is Paul and Kate's _____ child.

More und *most* / Unregelmäßige Adjektive

7 TR. 35

More und **most**

Sehen und hören Sie sich, wenn möglich, die folgenden Sätze an.

A winter coat is more expensive than a T-shirt.
Ein Wintermantel ist teurer als ein T-Shirt.
Jane buys the most expensive T-shirt in the shop.
Jane kauft das teuerste T-Shirt im Laden.
This book is more interesting than the author's other books.
Dieses Buch ist interessanter als die anderen Bücher dieses Autors.
This book is the most interesting one by this author.
Dieses Buch ist das Interessanteste von diesem Autor.

Können Sie jetzt die folgenden Regeln vervollständigen?

1. Mehrsilbige Adjektive bilden den **Komparativ** mit
☐ a. **more** + Grundform.
☐ b. **over** + Grundform.
☐ c. Grundform + **-er**.

2. Den **Superlativ** bilden mehrsilbige Adjektive mit
☐ a. **over** + Grundform.
☐ b. Grundform + **-er**.
☐ c. **most** + Grundform.

8

Bilden diese Adjektive den Komparativ und Superlativ mit **-er/-est** oder mit **more/most**? Bilden Sie zwei Gruppen.

| big | expensive | boring | quiet | clever | hot | tired |
| slow | frustrating | interesting | exciting | heavy |

-er / -est	**more / most**

9

Folgende Adjektive haben eine unregelmäßige Steigerung:

good (*gut*)	**better** (*besser*)	**best** (*am besten*)
bad (*schlecht*)	**worse** (*schlechter*)	**worst** (*am schlechtesten*)
much/many (*viel*)	**more** (*mehr*)	**most** (*am meisten*)
little (*wenig*)	**less** (*weniger*)	**least** (*am wenigsten*)
far (*weit*)	**further** (*weiter*)	**furthest** (*am weitesten*)

10 ✎

Paul hat es manchmal nicht leicht mit Tante Hermione, die so gern von früher erzählt. Lesen Sie, was er zu sagen hat, und ergänzen Sie die fehlenden Adjektive in der richtigen Form (**Grundform** oder **Komparativ**). Die Grundform ist jeweils in Klammern angegeben.

Well, Aunt Hermione is very 1. _____ (old). She thinks everything was 2. _____ (good) when she was 3. _____ (young). For her, everything is 4. _____ (bad) now. Life was 5. _____ (slow), she says, and that is probably 6. _____ (true). People walked 7. _____ (much) and used cars 8. _____ (little). She also thinks people were 9. _____ (nice) and 10. _____ (happy). And, of course, she thinks that everything is 11. _____ (expensive) today than it was. Well, she's right! But I think life is much 12. _____ (exciting) now than when she was young, and, of course, many things are much 13. _____ (easy)!

Nice to know

Im Englischen hat man nicht Recht, man ist es:
Du hast Recht!
You're right!
Sie hat Recht.
She's right.

11 👓

Um Personen oder Dinge miteinander zu vergleichen, verwendet man den **Komparativ + than** (*als*), oder man benutzt eine Konstruktion mit **not as + Adjektiv + as** (*nicht so ... wie*).

> **Scotland is larger than Wales.**
> *Schottland ist größer als Wales.*
> **Wales is not as large as Scotland.**
> *Wales ist nicht so groß wie Schottland.*

▶ § 26 **Vergleiche**

Um auszudrücken, dass zwei Dinge gleich sind, benutzt man **as + Adjektiv + as** (*so ... wie*).

> **Paul is as old as Kate.**   *Paul ist so alt wie Kate.*

Möchte man sagen, dass etwas am besten, schnellsten etc. ist, benutzt man den **Superlativ**. Vor dem Superlativ steht oft **the**.

> **Big Ben is the most famous bell in the UK.**
> *Big Ben ist die berühmteste Glocke in Großbritannien.*

Nice to know

Der eigentliche **Big Ben** ist nicht der Uhrturm am Londoner Parlamentsgebäude, sondern nur die Glocke!

Vergleiche / Adverbien der Art und Weise

12 🖉

Sehen Sie sich die Bilder an und schreiben Sie die fehlenden Wörter in die Lücken (**as ... as**, **not as ... as**, **than**).

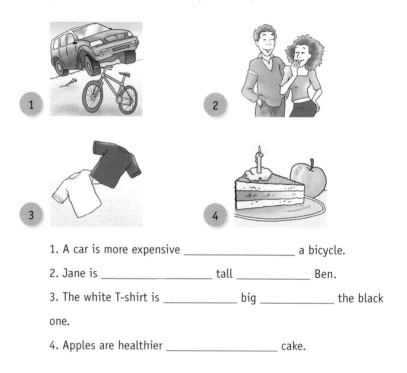

1. A car is more expensive _____ a bicycle.

2. Jane is _____ tall _____ Ben.

3. The white T-shirt is _____ big _____ the black one.

4. Apples are healthier _____ cake.

healthy – *gesund* ▶

13 👓

Adjektive beschreiben Dinge oder Personen. **Adverbien der Art und Weise** beschreiben Verben. Sie werden dazu benutzt, näher zu schildern, wie man etwas macht oder wie etwas geschieht.

It's raining heavily.	**He drives slowly.**
Es regnet stark.	*Er fährt langsam.*

Viele **Adverbien der Art und Weise** werden gebildet, indem man einfach **-ly** an das entsprechende Adjektiv anhängt.

slow	**My car is very slow.**	*Mein Auto ist sehr langsam.*
slowly	**He walks slowly.**	*Er geht langsam.*

Endet das Adjektiv in **-y**, so fällt das **-y** weg und es wird **-ily** angehängt.

heavy	**heavily**
happy	**happily**

14 👓

Leider gibt es auch hier viele Ausnahmen und nicht aus jedem Adjektiv kann ein Adverb gebildet werden. So ist das Adverb zu **good** beispielsweise **well** und manchmal sind Adverb und Adjektiv auch gleich.

She's a good student.   **She plays the piano well.**
Sie ist eine gute Schülerin.   *Sie spielt gut Klavier.*
It's a hard job.   **He works hard.**
Es ist eine harte Arbeit.   *Er arbeitet hart.*

> **Nice to know**
>
> Vorsicht! **Hardly** gibt es im Englischen zwar auch, aber es bedeutet *kaum*! Vergleichen Sie:
> **I work hard.**
> *Ich arbeite hart.*
> **I hardly work.**
> *Ich arbeite kaum.*

15 ✎

Lesen Sie die Sätze und schauen Sie sich die darin enthaltenen Adjektive an. Suchen Sie dann das passende Adverb in der Buchstabenschlange und unterstreichen Sie es!

1. He is a bad singer.   fdgebadlyfggsingzuasjnvx
2. She is a happy woman.   saddffrguhappilyvcghappy
3. He is a fast driver.   drivefhfastghfhfastlyfgh
4. He is a good football player. dfghikfflwelljkfgstzhzb
5. This is a hard job.   dfgjdkgvbharddfgbjhardlydfj

> **Nice to know**
>
> **Heavy** bedeutet im Englischen wirklich nur *schwer* im Sinne von *„es wiegt viel"*.
> Eine schwere Zeit ist **a hard time** oder **a difficult time**!

16 TR.36 ✎

In diesen Sätzen, die Sie sich auch auf der CD anhören können, fehlt entweder das Adverb oder das Adjektiv. Schreiben Sie das fehlende Wort in die Lücke.

| gut | schwer | glücklich | schlecht |

1. He drives _____.

2. She sings very _____.

3. The desk is _____.

4. The child is _____.

Rätselspaß mit Adjektiven

17 ✎

Finden Sie die **Grundform** von Adjektiven im Buchstabengitter. Das Adjektiv kann senkrecht, waagerecht oder diagonal versteckt sein.

C	L	E	A	N	B	K	L	S	S
E	X	P	E	N	S	I	V	E	H
K	Y	A	Y	O	U	N	G	T	O
J	P	F	L	I	T	T	L	E	R
W	M	A	N	I	C	E	S	R	T
L	A	R	G	E	K	R	B	L	P
O	S	M	O	C	H	E	A	P	E
N	L	M	U	C	H	S	D	P	H
G	O	Q	U	I	E	T	P	S	D
U	W	L	E	Q	U	I	C	K	O
P	K	W	M	E	D	N	R	L	L
T	I	D	Y	U	W	G	O	O	D

18 ✎

Unterstreichen Sie jeweils das Wort, das nicht zu den anderen passt.

1. red / brown / black / longer
2. quickly / slow / nice / hot
3. more expensive / more interesting / more careful / slower
4. cleanest / tidiest / short / nicest
5. slow / fast / quickly / well
6. easier / happy / heavier / sunnier
7. nicest / longer / hottest / tidiest
8. bigger / hotter / young / older
9. quietly / cheaply / expensively / good
10. large / small / big / well
11. largest / brown / smallest / reddest
12. black / well / quickly / shortly
13. worse / better / less / worst
14. least / most / more / furthest
15. less / least / most

Vergleiche

1

Sehen Sie sich das Bild an, und entscheiden Sie, welche Sätze falsch (Kreuz) und welche richtig (Häkchen) sind.

1. Paul's mother is smaller than his father.
2. Jane is taller than Ben.
3. Paul's sister is younger than Paul.
4. Ben is taller than Jane.
5. Paul is smaller than his mother.

2

Bringen Sie die folgenden Sätze in die richtige Reihenfolge.

1. is / This / very / big / house / .
2. the / The / than / garden / larger / is / house / .
3. The / is / happy / woman / .
4. book / heavy / The / is / not / as / the / bag / as / .
5. shirt / is / The / T- / as / trousers / as / the / bright / .

3

Sehen Sie sich die Bilder an und schreiben Sie die richtige Form des Adjektivs in Klammern in die Lücke.

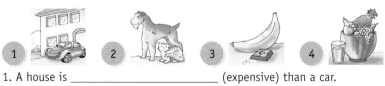

1. A house is _____ (expensive) than a car.

2. The cat is not as _____ (big) as the dog.

3. Bananas are _____ (healthy) than chocolate.

4. The glass is not as _____ (tall) as the fruit bowl.

Welches Bild passt? / Adverbien / Superlative

4

Sehen Sie sich die Bilder an und lesen bzw. hören Sie die Sätze. Tragen Sie die Zahl des Bildes ein, zu dem der Satz am besten passt.

This is the biggest house. ☐

This is the smallest bag. ☐

These are the cheapest trousers. ☐

This is the most expensive T-shirt. ☐

5

Unterstreichen Sie die korrekte Form des Adverbs.

1. He speaks French *good / well / goodly*.
2. He drives *fast / slow / fastly*.
3. They sing *beautiful / beautifully / beautifly*.
4. He works very *hard / hardly / harder*.

6

Schreiben Sie den dazugehörigen Superlativ in die Lücke.

1. bad	worse	_____
2. big	bigger	_____
3. good	better	_____
4. little	less	_____

1

Paul und Kate haben sich die Hausarbeit aufgeteilt. Paul erzählt hier, was seine Aufgaben sind und was nicht.
Betrachen Sie die Bilder und lesen bzw. hören Sie sich die Sätze auf der CD an. Was muss er tun (**has to do**), was muss er nicht tun (**doesn't have to do**) und was darf er nicht vergessen (**mustn't forget to do**)?
Ordnen Sie den Sätzen die richtigen Bilder zu.

> ◀ **do not have to/don't have to** – *nicht müssen*
> **must** – *müssen*
> **must not/mustn't** – *nicht dürfen*

a b c d

1. I sometimes have to cook. ☐
2. I have to wash the car. ☐
3. I don't have to clean the windows. ☐
4. I mustn't forget to hoover the house. ☐

> **Nice to know**
>
> Im Englischen benutzt man manchmal bekannte Produktnamen für alltägliche Aktivitäten. *Staubsaugen* kann sowohl **vacuum clean** als auch **hoover** heißen.

2

Paul und Kate sind dabei, sich zu überlegen, was sie im Urlaub in Südfrankreich alles tun könnten oder tun sollten.
Verbinden Sie die Sätze mit dem passenden Bild.

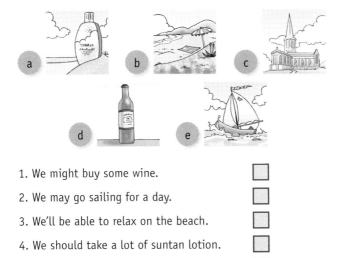

a b c

d e

1. We might buy some wine. ☐
2. We may go sailing for a day. ☐
3. We'll be able to relax on the beach. ☐
4. We should take a lot of suntan lotion. ☐
5. We could visit some old churches. ☐

> ◀ **suntan lotion** – *Sonnencreme*
> **be able to** – *können*
> **might** – *könnten*
> **may** – *könnten*

Don't forget the suntan lotion! / Have to

Nice to know

Im Englischen gibt es zwei Worte für *erinnern*:
remember = *sich erinnern*
I can't remember the name of the hotel.
remind = *jemanden erinnern*
Remind me to buy some suntan lotion.

3

Lesen bzw. hören Sie jetzt Paul und Kate zu, wie sie ihren Urlaub planen.

Kate: We may have the time to visit some vineyards. I would love to see how they make wine!

Paul: Yes, good idea, and we might buy some wine there, too.

Kate: Sure, and we could also go sailing for a day. What do you think?

Paul: That would be fantastic! I'm really beginning to look forward to this holiday! The sunshine, the beach ...

Kate: That reminds me ... we really must buy some more suntan lotion! I think we should take a lot with us.

Paul: Yes, but we don't have to buy it here. Everything is cheaper in France.

Kate: True. Oh, and we have to ask the neighbours if they can look after the cat.

Paul: Yes, we mustn't forget that. I'll do it tonight, don't let me forget!

Kate: I won't. Let's look at the map and plan our route!

vineyard – *Weingut/ Weinberg* ▶
would – *wäre*
look forward to
– *sich freuen auf*
neighbour – *Nachbar*
if – *ob*
map – *Karte*
towel – *Handtuch*
sleeping bag
– *Schlafsack*
ferry – *Fähre*

4

Unterstreichen Sie jeweils das Wort, das den Satz richtig ergänzt.

1. They may visit some *churches. / vineyards. / boutiques.*
2. They might buy some *wine. / souvenirs. / postcards.*
3. They must buy some more *suntan lotion. / towels. / sleeping bags.*
4. They mustn't forget to ask *their parents. / Louise. / the neighbours.*

5 👓

▶ § 13 *Have to* und *must*

Nice to know

Die Bedeutung von **look** verändert sich mit der Präposition, die darauf folgt:
look at – *anschauen*
look after – *sich kümmern um*
look forward to – *sich freuen auf*

Have to
Um ganz allgemein auszudrücken, dass man etwas *tun muss*, benutzt man im Englischen **have to**.
    I have to wash the car.
    Ich muss das Auto waschen.

Verneint wird **have to** mit **don't** bzw. **doesn't**.
    We don't have to buy the suntan lotion here.
    Wir müssen die Sonnencreme nicht hier kaufen.
    He doesn't have to work on Sundays.
    Er muss Sonntags nicht arbeiten.

6 👓

Must

Um zu betonen, dass etwas unbedingt notwendig ist, benutzt man statt **have to** oft auch **must**. Must kann allerdings nur in der Gegenwart verwendet werden. Im **will-future** und im **past simple** bleibt es bei **have to**.

I really must go to bed early tonight. I am so tired!
Ich muss heute wirklich früh ins Bett gehen. Ich bin so müde!
I really had to go to bed early. I was so tired!
Ich musste wirklich früh ins Bett gehen. Ich war so müde!

Vorsicht! **Must not/mustn't** bedeutet nicht, wie man vermuten könnte, *nicht müssen*, sondern *nicht dürfen*.

You mustn't smoke in the kitchen.
Man darf in der Küche nicht rauchen.

7 ✏️

Kate und Paul denken weiter über das nach, was sie noch tun bzw. nicht tun müssen. Lesen Sie den Dialog und schreiben Sie die Wörter im Kasten in die passende Lücke.

has to	have to	didn't have to	'll have to
	do we have to	don't have to	have to

Kate: Well, we 1. _____ give the neighbours a key to the house.

Paul: No, we 2. _____. I think they've still got one.

Kate: Really? I'll ask them later. We also 3. _____ cancel the newspaper.

Paul: Do we? We 4. _____ do that last year.

Kate: Well, I think we just forgot ... What else 5. _____ _____ do?

Paul: I'm not sure. Oh, Jane 6. _____ take her French books, so she can translate for us.

Kate: Yes, but we 7. _____ speak a little French, too!

◄ **cancel** – *abbestellen*
translate – *übersetzen*
else – *sonst noch*

*Die modalen Hilfsverben **should** und **can***

8  TR.40

Should

Das Hilfsverb **should** wird benutzt, um auszudrücken, dass man etwas tun sollte oder dass es ratsam ist, etwas zu tun.

You shouldn't eat so much chocolate.

In Fragen wird es benutzt, um jemanden um Rat zu bitten.

What do you think he should do?

Man kann **should** auch verwenden, um Vermutungen zu äußern:

Louise should be here soon. *Louise sollte bald hier sein.*

Should bleibt im Präsens für alle Personen gleich, das heißt, bei **he**/**she**/**it** wird kein **-s** angehängt.

9 TR.41

Ergänzen Sie die Sätze mit **should** oder **shouldn't**.
Die Lösung können Sie auch auf der CD überprüfen.

1   2   3

dentist – *Zahnarzt*
stay up – *aufbleiben* ▶

1. He _____ go to the dentist.

2. She _____ stay up so late.

3. He _____ go home.

10

▶ § 12 **Modale Hilfsverben**

Can

Can drückt aus, dass man fähig oder bereit ist, etwas zu tun.

Jane can play the piano.   *Jane kann Klavier spielen.*

Can bleibt für alle Personen gleich. In der Verneinung wird **can** zu **can't** oder **cannot**.

Man kann **can** auch benutzen, um eine Erlaubnis zu erteilen oder jemanden um etwas zu bitten.

Mum, can I go to the cinema? Yes, sure, you can.
Mama, kann ich ins Kino gehen? Ja, sicher kannst du das.

11 👓

Could

Can existiert nur im **present simple** und im **past simple**.
Die **past simple** Form von **can** ist **could**.

In anderen Zeitformen als dem **present simple** und dem **past simple** (z.B. im **will-future**) existiert **can/could** nicht. Hier benutzt man **be able to**, um eine Fähigkeit oder Bereitschaft auszudrücken:

> **Jane will be able to play the piano very well if she practises a lot**. *Jane wird sehr gut Klavier spielen können, wenn sie viel übt.*

Um sehr höflich um etwas zu bitten, benutzt man statt **can** oft auch **could**.

> **Can I have an apple, please?**
> *Kann ich bitte einen Apfel haben?*
> **Could I have an apple, please?**
> *Könnte ich bitte einen Apfel haben?*

> **Nice to know**
>
> Merken Sie sich, dass **could** sowohl *konnte* als auch *könnte* bedeuten kann!

12 ✏️

Manchmal sinniert Paul darüber nach, was er als Student alles tun konnte und was er tun können wird, wenn er in Rente geht.
Ergänzen Sie den Text mit einer passenden Form – positiv oder negativ und in der richtigen Zeitform – von **can** oder **be able to**.

> **Nice to know**
>
> Im gesprochenen Englisch sagt man sehr oft **I guess** an Stelle von **I think**.

When I was a student, I (1.) _____ sleep late

during the week, but I (2.) _____ go on holi-

day, because I didn't have any money. Well, I (3.) _____

_____ go on holiday now, but I (4.) _____

sleep late in the mornings. Oh, and I (5.) _____

stay out as long as I wanted to, it was great! At the moment, I (6.)

_____ read many books, because I haven't got

the time. I (7.) _____ do that when I retire, I

guess. Oh, and then I (8.) _____ go on holiday

for as long as I want.

◀ **retire** – *in Rente gehen*
guess – *raten/denken*
not any – *kein/keine*

Would, may und *might*

13 TR. 42 👓

Would, may und **might**

Mit **would** kann man Angebote machen, Ratschläge erteilen oder hypothetische Situationen ausdrücken.

> **Would you like an apple?** *Möchtest du einen Apfel?*
> **I wouldn't talk to him**. *Ich würde nicht mit ihm sprechen.*
> **That would be great**. *Das wäre großartig.*
> **I'd like to go home now**. *Ich würde jetzt gerne nach Hause gehen.*

May und **might** benutzt man, um die Zukunft betreffende Vermutungen auszudrücken, wobei **may** eine etwas höhere Wahrscheinlichkeit ausdrückt als **might**.

> **We may have the time to visit some vineyards.**
> *Wir werden vielleicht die Zeit haben, um ein paar Weingüter zu besuchen.*
> **We might buy some wine.**
> *Wir könnten vielleicht etwas Wein kaufen.*

Wenn man um Erlaubnis bitten oder eine Erlaubnis erteilen möchte, kann man ebenfalls **may** benutzen.

> **May I leave now?** *Darf ich jetzt gehen?*
> **You may leave now.** *Du darfst jetzt gehen.*

14 ✎

Von den folgenden Sätzen passt jeweils einer nicht zu den anderen, weil er entweder eine andere Situation beschreibt oder in einer anderen Zeitform steht.
Können Sie ihn finden? Dann unterstreichen Sie ihn!

1. I may go. / I might go. / Perhaps I'll go. / I can't go.
2. He really should go. / He must go. / He has to go. / He doesn't have to go.
3. She may see us. / She can't see us. / Perhaps she'll see us. / She might see us.
4. I could work. / I mustn't work. / I can work. / I may work.
5. They played. / They had to play. / They were able to play. / They might play.
6. I must buy food. / I have to buy food. / She must buy food. / She could buy food.

15 👓

Let's und Imperativ

Der **Imperativ** (Befehlsform) entspricht im Englischen immer der Grundform eines Verbs, und man verneint ihn mit **don't**. Man kann ihn benutzen, um direkte Aufforderungen auszusprechen.

Go home!	*Geh nach Hause!*
Don't let me forget that!	*Lass mich das nicht vergessen!*

§ 9 **Der Imperativ**

Der Imperativ kann oft direkt und unhöflich klingen. Wenn Sie möchten, dass Ihre Aufforderung mehr wie eine Bitte als wie ein Befehl klingt, benutzen Sie stattdessen lieber **Could you ...?**

Tell him I called!
Sagen Sie ihm, dass ich angerufen habe!
Could you tell him I called?
Könnten Sie ihm sagen, dass ich angerufen habe?

Möchte man jemanden auffordern, etwas gemeinsam zu tun, benutzt man im Englischen **let's** (die Kurzform von **let us**) + den **Imperativ**. Diese Form wird verneint durch das Einfügen von **not** nach **let's**.

Let's look at the map and plan our route!
Lass uns auf die Karte schauen und unsere Route planen!
Let's not forget that!
Lass uns das nicht vergessen!

Nice to know

Man kann den Imperativ auch benutzen, um gute Wünsche oder Aufforderungen auszudrücken:
Take care!
Pass auf dich auf!
Get better soon!
Gute Besserung!
Have a nice day!
Einen schönen Tag!

16 ✎

Wenn man jemanden auffordert, etwas zu tun, dann hat man meist einen Grund dafür.
Ordnen Sie jedem Grund eine passende Aufforderung zu.

1. I'm cold.
2. I'm hungry.
3. I'm tired.
4. I've got too much work.
5. I like tennis.
6. I like music.

a. Go and speak to your boss!
b. Close the window!
c. Don't stay up so late!
d. Let's go to a concert.
e. Let's have lunch!
f. Let's go and play!

◀ **cold** – *kalt*
close – *schließen*
window – *Fenster*
hungry – *hungrig*
boss – *Chef*
concert – *Konzert*

17 ✏

Schreiben Sie das fehlende Wort in das Kreuzworträtsel.

1. Jane ... study law. She is not sure, but she wants to.
2. Ben ... go to university. He is really not sure.
3. I don't ... to go to work on Sundays. I can stay at home.
4. ... you like a cup of tea?
5. I was not ... to come earlier.
6. Louise ... be here soon.
7. You ... forget to clean the house!
8. I ... help you, I have no time.
9. ... you help me, please?

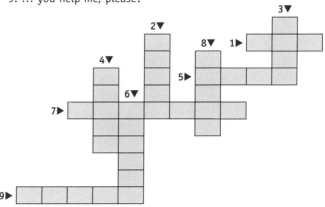

18 📝

Erinnern Sie sich noch an die Urlaubspläne von Paul und Kate? Hier sind Sätze gesucht, die ihren Urlaub betreffen. Schreiben Sie sie in der richtigen Reihenfolge auf.

1. beach / able / be / They / to / relax / the / on / 'll / .
2. They / buy / may / wine / some / .
3. could / They / sailing / go / .
4. would / fantastic / be / Sailing / .
5. should / They / take / lotion / suntan / .
6. take / should / books / They / .
7. Jane / French / have / to / will / speak / .
8. the / forget / They / cat / mustn't / .
9. many / England / don't / have / They / to / buy / in / things / .
10. 'll / They / able / to / buy / be / a / in / France / lot / .

Must oder *have to?*

1

Sehen Sie sich diese Schilder (**signs**) an, und ergänzen Sie die Sätze mit **have to** oder **mustn't**!

◀ **mph** – *Meilen in der Stunde*

1. You _____ smoke here!

2. You _____ drive faster than 30 mph here!

3. You _____ be very quiet here!

4. You _____ take this road!

Nice to know

In England werden Distanzen und Geschwindigkeiten in Meilen angegeben. 1 Meile entspricht ca. 1,6 km und 30 mph entsprechen ca. 50km/h.

2

Sehen Sie sich die Bilder an, und ergänzen Sie die Sätze mit **must** oder **have to** in der richtigen Zeitform.

1. Yesterday I _____ work very late.

2. I really _____ go to the dentist!

3. Ben will _____ tidy up his room soon or

   Kate will get very angry!

4. The Smith family _____ feed their cat

   every day.

3

Unterstreichen Sie die passende Form.

1. You *don't have to / didn't have to / mustn't* smoke here!
   Can't you see the sign?
2. Paul *doesn't have to / mustn't / have to* work on Sundays.
3. I *don't have to / mustn't / have to* forget to feed the cat.
4. You *mustn't / must / don't have to* finish today.
   Tomorrow will be early enough.

Can oder *be able to?* / *Should, would, could* und *might* / *Imperative*

4

Schreiben Sie die vorgegeben Sätze im **present simple** in die Lücken.
Benutzen Sie entweder **can** oder **be able to.**

1. I'll be able to swim. _____

2. I couldn't dance. _____

3. I won't be able to drive. _____

4. I was able to read. _____

5

Sehen Sie sich die Bilder an, und ergänzen Sie die Sätze mit **should, would, could** oder **might.**
Benutzen Sie jedes dieser Hilfsverben genau einmal.

1. I _____ like a cup of tea, please.

2. It _____ rain soon.

3. You _____ go home!

4. _____ you help me, please?

6

Die folgenden Sätze sind durcheinander gepurzelt! Bringen Sie sie auf einem Blatt Papier wieder in die richtige Reihenfolge.

1. let / to / cat / me / the / forget / Don't / feed / !
2. stay / too / Don't / late / out / !
3. him / Tell / called / I / !
4. some / and / milk / Go / buy / !
5. have / Let's / a / next / Saturday / party / !
6. Let's / tomorrow / tennis / play / together / !

1 TR. 43

Der Zeitschriftenladen (**corner shop**) in der Straße der Smiths verkauft viele verschiedene Dinge, die Sie sich auch auf Ihrer CD anhören können. Betrachen Sie das Bild und ordnen Sie den darunter stehenden Sätzen jeweils den entsprechenden Bildausschnitt zu, indem Sie den korrekten Buchstaben notieren.

> **Nice to know**
>
> Neben den vielen **corner shops** gibt es in England auch so genannte **off-licences**. Diese haben ein ähnliches Sortiment wie **corner shops**, dürfen aber auch alkoholische Getränke verkaufen.

1. They sell many magazines. ☐
2. They sell a lot of chocolate. ☐
3. They don't sell much milk. ☐
4. They sell some newspapers. ☐
5. They sell little mineral water. ☐
6. They sell a lot of cigarettes. ☐
7. They don't sell many birthday cards. ☐
8. They sell a few stamps. ☐

> ◀ **sell** – *verkaufen*
> **stamp** – *Briefmarke*
> **a few** – *ein paar*
> **off-licence** – *Wein- und Spirituosengeschäft*

2 TR. 44

Der Sommerurlaub der Familie Smith steht kurz bevor. Da sie zelten wollen, müssen Sie sich sehr genau überlegen, was sie mitnehmen und was nicht. Ordnen Sie den Sätzen, die Sie sich auch anhören können, die richtigen Bilder zu.

> **Nice to know**
>
> Handys gibt es im Englischen nicht. Mobiltelefone heißen in Großbritannien **mobile (phone)** und in Nordamerika **cellphone**.

 a   b   c   d

1. They're taking a tent. ☐
2. Paul's not taking his mobile phone. ☐
3. They're taking some travel guides. ☐
4. They're not taking any wine. ☐

> ◀ **tent** – *Zelt*
> **travel guide** – *Reiseführer*

3

Paul und Kate sind dabei, eine detaillierte Packliste für ihren Urlaub zusammenzustellen. Lesen Sie den Dialog. Wenn Sie möchten, können Sie diesen auch auf der CD hören.

Paul: How many bags will we need?
Kate: Oh, one large bag per person, I think – and we'll need some plastic bags for shoes.
Paul: Are we taking raincoats for everybody?
Kate: Well, I think we should. We should also take some food. It's easier to organise that here, and I don't want to do too much shopping in France – nobody will speak English!

large – *groß*
raincoat – *Regenjacke*
get in – *hineinbekommen*
few – *wenige*
medicine – *Medikamente*

Paul: I think we should take very little food. We'll be able to buy a lot of things there.
Kate: But we should take a few things – just for the first few days.
Paul: All right, but don't forget we're already taking so many other things.
Kate: Well, I just hope we'll be able to get everything in the car!
Paul: Oh, and we must pack a bag with some medicine.
Kate: Yes, we mustn't forget. Let's just hope nobody will need it!

4

Nice to know

Auch das englische Wort **money** ist nicht zählbar. Man kann nur Währungen wie **euros** oder **pounds** zählen.

Die meisten Substantive im Englischen sind zählbar und besitzen eine Pluralform: **house – houses** **mouse – mice**
Es gibt aber auch Substantive, die nicht zählbar sind. Diese bilden keine Pluralform und werden ohne unbestimmten Artikel gebraucht.
Einige der wichtigsten nicht zählbaren Substantive, denen Sie immer wieder begegnen werden und die sie sich deshalb gut einprägen sollten, sind:

work (*Arbeit*)	**I have a lot of work.**
information (*Information*)	**I've got no information.**
advice (*Rat*)	**He gave me some advice.**
time (*Zeit*)	**I haven't got a lot of time.**

5

Sind die folgenden Wörter zählbar oder nicht? Bilden Sie zwei Gruppen.

zählbar	nicht zählbar

water   cheese   apple   money   glass   dog   advice
euro   information   wine   child   towel

6

Much, **many** und **a lot of**
Zählbare Substantive werden im Englischen oft mit **many** (*viele*) oder **a lot of** (*viele*) benutzt.

> **We are taking so many other things.**
> *Wir nehmen so viele andere Dinge mit.*
> **Are we taking a lot of towels?**
> *Nehmen wir viele Handtücher mit?*

Nicht zählbare Substantive benutzt man mit **much** (*viel*), normalerweise aber nur in Fragen und negativen Sätzen. In positiven Sätzen bleibt es bei **a lot of** (*viel*).

> **I don't want to do much shopping in France.**
> *Ich will in Frankreich nicht viel einkaufen gehen.*
> **We'll need a lot of time to drive to France.**
> *Wir werden viel Zeit brauchen, um nach Frankreich zu fahren.*

Wenn Sie sich unsicher sind, können Sie immer **a lot of** benutzen. Diese Form ist nie falsch.

▶ § 11 **Mengenangaben**

Lerntipp!
Wenn Sie in einem Modul auf ein Thema stoßen, das Sie zwar schon einmal behandelt haben, an das Sie sich aber nicht mehr genau erinnern, sollten Sie noch einmal zurückblättern in den entsprechenden Modulen. Je öfter Sie ein Thema wiederholen, um so besser beherrschen Sie es. Wenn Sie sich also unsicher sind, wie der Unterschied zwischen zählbaren und nicht zählbaren Substantiven war, dann schauen Sie sich dazu erneut die Erklärungen in Modul 1 an.

7

Benutzt man diese Wörter mit **much** oder mit **many**?
Bilden Sie zwei Gruppen.

much	many

bottle   wine   advice   computer   flower   house
butter   time   car   money   information   apple

8

Lesen Sie die Sätze und unterstreichen Sie dann das Wort, das den Satz richtig ergänzt.

1. I don't have *many / a / much* time.
2. We're taking *much / many / a* bags.
3. They're not taking *much / many / a* food.
4. He's got *much / a / many* friends.

Nice to know
Ein einfacher Weg herauszubekommen, ob Sie **much** oder **many** benutzen müssen, ist die Übersetzung. Sagt man im Deutschen *viel* ist es im Englischen **much**, sagt man *viele* ist es **many**.

Little und *few*

9 👓

Little und **few**
Wenn man ausdrücken will, dass man von einer Sache wenig oder wenige hat, so tut man dies bei zählbaren Substantiven mit **few** und bei nicht zählbaren Substantiven mit **little**.

> **There's little milk in the bottle.**
> *Es ist wenig Milch in der Flasche.*
> **There are very few flowers in the garden.**
> *Es sind wenige Äpfel in der Schale.*

10 TR. 46 ✏

Lesen Sie die Sätze bzw. hören Sie sie sich an und entscheiden Sie, welches der Bilder am besten zu dem Satz passt.

1a   1b   2a   2b

3a   3b   4a   4b

1. There's a lot of water in the glass. ☐
2. There's little milk in the bottle. ☐
3. There are many apples in the bowl. ☐
4. There are very few flowers in the garden. ☐

11 ✏

Verwandeln Sie die vorgegeben Sätze jeweils in ihr Gegenteil, indem Sie diese mit **few** oder **little** schreiben (z.B. **There are many people.** / **There are few people.**).

1. There are many apples. _____

2. There is a lot of milk. _____

3. I have a lot of time. _____

4. He has many friends. _____

12 TR. 47

Some und **any**
Das Wort **some** (*einige, etwas*) benutzt man sowohl mit zählbaren als auch mit nicht zählbaren Substantiven. Es wird meist in positiven Aussagesätzen verwendet und in Fragen, auf die man eine positive Antwort erwartet.

> **We should take some food.**
> **Did you meet some friends?**
> **Would you like some tea?**

Any, welches man ebenfalls sowohl mit zählbaren als auch mit nicht zählbaren Substantiven benutzen kann, hat in negativen Sätzen die Bedeutung *kein/keine*.

> **I don't have any time!**   *Ich habe keine Zeit!*

In positiven Sätzen und Fragen bedeutet **any** *irgendein/e* oder *irgendwelche*.

> **I can come at any time.**   *Ich kann jederzeit kommen.*
> **Are there any questions?**   *Gibt es irgendwelche Fragen?*

Some bezeichnet immer einen Teil aus der Gesamtheit dessen, was möglich wäre.

> **I like some cheese.** heißt, dass *ich manchen Käse mag.*

Any bezeichnet hingegen immer alle oder alles.

> **I like any cheese.** heißt, dass *ich allen/jeden Käse mag.*

▶ § 11 **Mengenangaben**

Nice to know

Das Wörtchen **some** wird im Deutschen oft gar nicht übersetzt.
He took some pictures.
Er hat Fotos gemacht.

13 ✏

Ergänzen Sie die Sätze mit **some** oder **any**.

1. Would you like _____ tea?

2. I would like _____ milk, please.

3. I don't have _____ time now. I'm sorry.

4. Can you help Kate? She's got _____ problems with the computer.

5. I need new furniture for my house! I haven't got _____ at the moment.

6. Paul and Kate haven't got _____ vegetables in the house.

◀ **furniture** – *Möbel*
left – *übrig*

Someone, *no one* und *anyone*

14 👓

Someone, **no one** und **anyone**
Die folgenden Wörter können im Englischen in beliebiger Kombination zu-
sammengesetzt werden.

every (*jede/r/s*)	**thing** (*Ding, Sache*)
any (*irgendein/e/er/es*)	**body** (*Körper, Person*)
some (*einige*)	**one** (*eine/r/s*)
no (*keine/r/s*)	**where** (*wo*)

Entsprechend erhält man:

everything	**Do we have everything?**
alle	*Haben wir alles?*
everybody/everyone	**Everyone knows that!**
jeder	*Das weiß doch jeder!*
everywhere	**He walks everywhere.**
überall	*Er geht überall zu Fuß hin.*

Folgende Sätze verdeutlichen Kombinationen im Englischen mit **any**, **some**
und **no**:

Would you like anything to drink?	*irgendetwas*
I don't know anybody here.	*niemanden*
We can go anywhere we like.	*überall*
I would like something to drink, please.	*etwas*
Somebody told me that.	*jemand*
I left my bag somewhere.	*irgendwo*
I know nothing about that!	*nichts*
Let's hope nobody'll need the medicine.	*niemand*
I can find him nowhere!	*nirgendwo*

Vorsicht! **Everybody** bedeutet *jeder* im Sinne von *alle zusammen*, und
anybody bedeutet *jeder* im Sinne von *irgendein beliebiger*.

Everybody knows that.	*Jeder weiß das.*
	(Wir alle wissen das.)
Anybody could do that.	*Jeder könnte das tun.*
	(Jeder Beliebige könnte das tun.)

In Fragen hat **anything** die Bedeutung von *irgendetwas*, in der Verneinung
bedeutet es *nichts*.

Do you know anything?	*Weißt du irgendetwas?*
I don't know anything.	*Ich weiß nichts.*

Ebenso verhält es sich mit **anybody**, **anyone** und **anywhere**.

15 ✎

Lesen Sie die Sätze und schreiben Sie die Wörter im Kasten in die passenden Lücken.

> everywhere   somewhere
> anybody   everybody   something

1. Margaret Thatcher? Well, _____ knows

   her! She was the prime minister of the UK!

2. Where are my keys? They must be _____

   in the house!

3. Does _____ know where I can buy choco-

   late here?

4. We are going to Louise's tomorrow, and we need _____

   _____ to take!

5. Kate likes walking. She walks _____.

◀ **prime minister**
– *Premierminister/
Premierministerin*

16 ✎

Lesen Sie, was Tante Hermione erzählt, und ergänzen Sie den Text mit **few**, **little**, **much**, **many**, **a lot of**, **some** oder **any**.

Well, when I was young, I had very (1.) _____

_____ nice dresses to wear. My family

had (2.) _____ money, so we

never spent (3.) _____. We never

had (4.) _____ expensive things,

but we had (5.) _____ toys. My

sisters and me knew (6.) _____ nice games that we could

play, and for these we did not need (7.) _____ things. We

had (8.) _____ work for school, so we did not have (9.)

_____ time to play in the evenings. On (10.) _____

____ evenings we had to work at home to help our parents, too.

◀ **spend** – *ausgeben*
toy – *Spielzeug*

17 🖊

Schreiben Sie jeweils das Gegenteil in die Lücken.

1. everybody _____

2. everywhere _____

3. everything _____

4. few people _____

5. only some families _____

6. little time _____

7. no teacher _____

8. a lot of dishes _____

9. only here _____

10. only now _____

18 🖊

In diesem Buchstabengitter sind zehn Wörter versteckt,
die Sie in dieser Lektion gelernt haben.
Welche sind es?

K	M	U	C	H	Z	K	X	H	G	L	P
P	X	A	P	A	K	P	Z	X	P	I	X
F	P	P	N	N	N	N	K	H	P	T	K
E	V	E	R	Y	B	O	D	Y	E	T	W
W	P	U	P	W	S	B	T	A	X	L	T
P	U	X	C	H	P	O	P	H	Q	E	P
Q	K	X	M	E	X	D	M	B	I	W	K
Q	A	Z	E	R	K	Y	X	E	K	N	K
Z	A	K	L	E	S	S	O	P	P	T	G

Much, many oder a lot of? / Few oder little? / Gegenteile

1

Ergänzen Sie die Sätze mit **much, many** oder **a lot of**.

1. There is _____ cheese in the fridge.

2. There are _____ towels in the bag.

3. There isn't _____ milk in the bottle.

4. Are there _____ apples?

2

Ergänzen Sie die folgenden Sätze mit **few** oder **little**.

1. There are _____ children at school today.

2. They have _____ milk left in the fridge.

3. I have _____ books at home.

4. She has _____ time to play.

3

Schreiben Sie die Wörter aus dem Kasten neben den Begriff, der ihr Gegenteil ausdrückt.

> not anybody few things nowhere
> no one nowhere

1. everywhere _____

2. somebody _____

3. everyone _____

4. many things _____

5. somewhere _____

Welches Bild passt? / Sätze ordnen

4 TR. 48

Welches Bild passt am besten zu dem Satz?
Die Sätze können Sie sich auch auf der CD anhören.

1a   1b   1c

There are very few apples in the bowl. ☐

2a   2b   2c

There are many cars in the road. ☐

3a   3b   3c

There isn't any water in my glass. ☐

4a   4b   4c

I haven't got any money left. ☐

5

Bringen Sie die folgenden Sätze wieder in die richtige Reihenfolge.

1. do / I / time / not / any / have / .
2. him / knows / Nobody / well / very / .
3. much / did / money / not / They / have / .
4. problems / few / had / They / .
5. did / problems / They / not / many / have / .

1

Verbinden Sie die Satzanfänge auf der linken Seite mit einem passenden
Ende auf der rechten Seite.

1. Paul went to university
2. On Mondays, Paul and
3. The family usually watch TV
4. Ben and Jane come home from school
5. Kate went to school
6. The family go for long walks

◀ **from** – *von*
between – *zwischen*
flat – *Wohnung*
ago – *vor*
in the evening
– *abends*

a. for 12 years. She didn't go to university.
b. Kate go shopping.
c. at 4:30. They take the school bus.
d. 20 years ago, when he was 19 years old.
e. at the weekend. They enjoy walking very much.
f. in the evening.

2

Oscar, die Katze der Familie Smith, legt sich gerne an den verschiedensten
Orten im Haus zum Schlafen hin. Wo befindet sich Oscar gerade?
Ordnen Sie den Sätzen das jeweils passende Bild zu, indem Sie den korrek-
ten Buchstaben notieren.

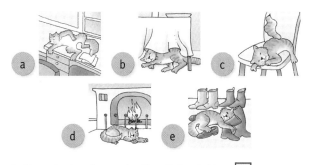

◀ **dining table** – *Ess-
tisch*
under – *unter*
in front of – *vor*

1. Oscar is sleeping under the dining table. ☐

2. Oscar is sleeping between the shoes. ☐

3. Oscar is sleeping on the desk. ☐

4. Oscar is sleeping in front of the fireplace. ☐

5. Oscar is sleeping on a chair. ☐

Nice to know

Die meisten englischen
Häuser haben zwar Zen-
tralheizung, besitzen
aber zusätzlich auch
noch einen offenen
Kamin (**fireplace**).
Allerdings wird dieser
heute oft elektrisch
betrieben.

Breakfast on the way / *Präpositionen der Zeit*

3

Lesen Sie den Dialog bzw. hören Sie ihn sich auf der CD an.
Achten Sie dabei besonders auf die Präpositionen **on**, **at** und **in**.

by – *um* ▶
in the afternoon – *nachmittags*
in the morning – *morgens*
mean – *meinen/ heißen/bedeuten*
before – *vorher*
out of – *heraus/ hinaus*
into – *hinein/herein*
on the way – *unterwegs*
stuff – *Zeug/Sachen*
be used to – *an etwas gewöhnt sein*
down – *herunter/ hinunter*
around – *um ... herum*
along – *entlang*
straight – *geradeaus/ direkt*
towards – *in Richtung*

Paul: Let's see ... The ferry leaves Dover at six o'clock, so we'll have to be there by five.

Kate: Earlier, I'd say. Let's plan to be there early in the afternoon.

Paul: OK. That means we'll have to leave here early in the morning.

Kate: Yes, but that's no problem. I'll pack us a picnic basket the night before and then we can be out of bed and into the car at seven. We'll have breakfast on the way.

Paul: Good idea. We'll have to take all the picnic stuff anyway, because we'll need it in France.

Kate: Yes, and during the drive, the basket can sit on the back seat between the children. They are used to that.

Paul: Good. Let's plan our route now. We'll take the M6 down to Birmingham and then go along the M1 and around London, then straight towards Dover.

Kate: I'm not looking forward to going around London. Let's hope the traffic isn't too bad.

Paul: True. But we're going on a Sunday, and we're also going in the middle of the school holidays. So I don't think we'll have too many problems.

4

▶ § 16 **Präpositionen**

Präpositionen der Zeit

Bei **Zeitangaben** werden am häufigsten die Präpositionen **on**, **at** und **in** verwendet. **On** verwendet man, wenn man über einen Wochentag oder ein Datum spricht.

We're going on a Sunday.	*an einem Sonntag*
We're going on the 14th of July.	*am 14. Juli*

At wird mit Uhrzeiten oder auch Mahlzeiten verwendet.

The ferry leaves Dover at six o'clock.	*um sechs Uhr*
I'll see you at lunch.	*beim Mittagessen*

In wird mit Jahreszeiten, Jahren, Monaten und Tageszeiten verwendet.

Let's plan to be there in the afternoon.	*nachmittags*
They go on holiday in the summer.	*im Sommer*
Their holiday is in June.	*im Juni*

5

Es gibt einige Zeitangaben, die mit **at** benutzt werden, ohne dass es sich dabei um Uhrzeiten handelt.

at the weekend	*am Wochenende*
at the moment	*im Moment, jetzt gerade*
at night	*in der Nacht, nachts*
at Christmas	*an Weihnachten*
at the end	*am Ende*

6

Um auszudrücken, dass etwas bis zu einem bestimmten Zeitpunkt geschehen sein muss, benutzt man die Präposition **by**.

We'll have to be in Dover by **five o'clock.** *bis/um fünf Uhr*

Zeitangaben wie **tonight** (*heute Abend*), **tomorrow** (*morgen*) oder **this afternoon** (*heute Nachmittag*) benötigen keine Präposition.

7

Lesen Sie, was Paul vor dem Urlaub noch alles erledigen und bis wann er damit fertig sein muss. Schreiben Sie dann passende Präpositionen in die Lücken. Wenn Sie meinen, dass die Lücke leer bleiben muss, schreiben sie einen Bindestrich (-) in die Lücke.

> We're leaving (1.) _____ tomorrow morning (2.) _____
> __ seven o'clock. We have to finish all our packing (3.) _____
> this evening, so that we'll be able to leave as early as we can (4.)
> _____ the morning. (5.) _____ five o'clock (6.) _____
> _____ this afternoon, I have to pick Kate up from work. Later (7.)
> _____ the evening, I have to pick Jane up from her friend.
> (8.) _____ seven, we're seeing the neighbours. Oh, and I also
> have to phone my brother (9.) _____ tonight, because it's his
> birthday. I'm just glad that we're going (10.) _____ a Sunday.
> There won't be so much traffic!

Tipp zur Lösung!

On verwendet man, wenn man über einen Wochentag oder ein Datum spricht.
At wird mit Uhrzeiten oder auch Mahlzeiten verwendet.
In wird mit Jahreszeiten, Jahren, Monaten und Tageszeiten verwendet.
Zeitangaben wie **to-night**, **tomorrow** oder **this afternoon** benötigen keine Präposition.

8

Zeiträume

Um auszudrücken, wie lange ein Ereignis dauert, gedauert hat oder dauern wird, benutzt man die Präposition **for**.

> **Louise is in Manchester for two weeks.**
> *Louise ist zwei Wochen lang in Manchester.*
> **Paul went to university for three years.**
> *Paul ging drei Jahre lang zur Universität.*

Wenn man von einem zukünftigen Ereignis spricht und sagen möchte, wie lange es noch dauert, bis es passiert, benutzt man die Präposition **in**.

> **The ferry leaves in ten minutes.**
> *Die Fähre fährt in 10 Minuten ab.*
> **Ben will finish school in two years.**
> *Ben wird in zwei Jahren mit der Schule fertig sein.*

Die Präposition **ago** wird mit der Vergangenheit benutzt, um auszudrücken, wie lange etwas her ist. Vorsicht! **Ago** steht immer nach der Zeitangabe.

> **Kate finished school 19 years ago.**
> *Kate beendete vor 19 Jahren die Schule.*
> **I saw him 10 minutes ago.**
> *Ich habe ihn vor 10 Minuten gesehen.*

9

Lesen Sie die Sätze und unterstreichen Sie die passende Präposition.

1. Don't worry. He'll be here *in / for / ago* ten minutes.
2. I moved to London six years *for / in / ago*.
3. Ben usually studies *in / for / ago* three hours every day.
4. He went to school 19 years *for / ago / in*.
5. They will be here *in / ago / for* ten minutes.
6. Louise is staying in Manchester *ago / for / in* two weeks.
7. They went on holiday three years *in / for / ago*.
8. I'll be there *for / in / ago* half an hour. I'll stay all evening if you like.

10 [TR. 50]

Präpositionen des Ortes

Im Englischen benutzt man verschiedene Präpositionen, um die Position von Dingen und Personen relativ zueinander zu beschreiben.

Die folgenden Sätze, die Sie sich auch auf Ihrer CD anhören können, illustrieren einige dieser Präpositionen.

Können Sie die beschriebenen Objekte und deren Position auf den Illustrationen identifizieren?

Paul is sitting at the desk.
Paul sitzt am Schreibtisch.
The bin is under the desk.
Der Papierkorb ist unter dem Schreibtisch.
The lamp is on the desk.
Die Lampe ist auf dem Schreibtisch.
There is some paper in the drawer.
Da ist etwas Papier in der Schublade.

Ben is standing next to Jane.
Ben steht neben Jane.
Kate is standing behind Jane.
Kate steht hinter Jane.
Ben is standing in front of Paul.
Ben steht vor Paul.
Oscar is sitting between Ben and Jane.
Oscar sitzt zwischen Ben und Jane.

11 ✎

Sehen Sie sich die Zeichnungen an und schreiben Sie dann die Präposition aus Übung 10 in die Lücke, die am besten beschreibt, wo sich der Ball gerade befindet.

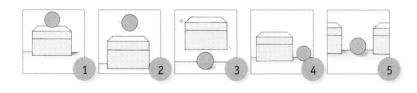

▶ **above** – *über*

_____ _____ _____ _____ _____

12 ✎

Bei Tante Hermione ist immer alles an seinem angestammten Platz. Sehen Sie sich die Bilder an und vervollständigen Sie die Sätze mit einer passenden Präposition.

1. The picture is _____ the fireplace.

2. The sofa is _____ the TV.

3. The phone book is _____ the phone.

4. The newspaper is _____ the coffee table.

13 🔘 TR. 51 ✎

Nice to know

Between heißt zwischen zwei genau definierten Objekten, und **among** heißt *irgendwo mittendrin*:
between the sofa and the table
zwischen dem Sofa und dem Tisch
among the people
zwischen/unter den Leuten

Lesen Sie die Sätze bzw. hören Sie sie sich auf der CD an.
Zwei der verwendeten Präpositionen drücken eine Bewegungsrichtung aus. Können Sie diese durch Ankreuzen identifizieren?

opposite – *gegenüber* ▶
hairdresser's
– *Friseurgeschäft*
below – *unter*
among – *zwischen/ inmitten/unter*
through – *durch*

1. The post office is **opposite** the bank. ▪
2. The hairdresser's is **above** the post office. ▪
3. The post office is **below** the hairdresser's. ▪
4. The children are playing **in the middle** of the road. ▪
5. The car is parked **near** the corner. ▪
6. The cat is sitting **among** the flowers. ▪
7. The man is walking **through** the post office door. ▪
8. The woman is walking **back** to her car. ▪

14

Präpositionen der Richtung

Sehen Sie sich die Bilder an und schreiben Sie die korrekte Präposition in die Lücke. Als Hilfe können Sie sich die Sätze auch auf Ihrer CD anhören.

1. He is walking _____ the hill.
2. He is walking _____ the house.
3. He is walking _____ the corner.
4. He is walking _____ the street.
5. Oh no! He's falling _____ the cliff!

round
off
up
across
past

◀ **across** – *über*
  up – *hinauf*
  past – *an … vorbei*
  round – *um … herum*
  off – *herab/herunter*

15

Paul und Kate gehen noch einmal zusammen ihre Reiseroute durch. Lesen Sie den Text und schreiben Sie die fehlenden Präpositionen in die Lücken.

We'll take the M6 (1.) _____ *(hinunter)* to Birmingham and then go (2.) _____ *(entlang)* the M1 and (3.) _____ *(um … herum)* London, then straight (4.) _____ *(in Richtung)* Dover. We're taking the ferry, so we're not going (5.) _____ *(durch)* the Channel Tunnel. Then we'll drive (6.) _____ *(heraus)* Calais and follow the motorway (7.) _____ *(bis)* Paris. We'll go (8.) _____ *(an … vorbei)* Paris and follow the motorway (9.) _____ *(in … hinein)* the Provence. We'll get (10.) _____ *(herunter)* the motorway (11.) _____ *(in der Nähe von)* Avignon.

Nice to know

Merken Sie sich das Wort **past** am besten als *vorbei*. Das **past simple** ist vorbei (schon geschehen), **past the shop** heißt *am Laden vorbei*, und **half past four** heißt, dass vier Uhr seit einer halben Stunde vorbei ist.

Over, under, in front of

16 TR.53 🖉

Schreiben Sie die richtige Präposition in die Lücken. Ihre Lösung können Sie auch überprüfen, indem Sie sich die CD anhören.

> across   for   through   along   at   ago   on
> over   in   in front of   to   among

1. I'm staying here _____ two weeks.

2. The cat usually comes in _____ the window.

3. Paul often plays tennis _____ the weekend.

4. I met him three years _____.

5. _____ Mondays, they often go shopping.

6. They watch TV _____ the evening.

7. The cat is sleeping _____ the fireplace.

8. They walk _____ school.

9. He is going _____ the street.

10. He is driving _____ the street.

11. There is a plane flying _____ the house.

12. The cat is sitting _____ the flowers.

17 🖉

Wohin fährt das Auto? Sehen Sie sich die Bilder genau an und ergänzen Sie die Sätze mit einer passenden Präposition.

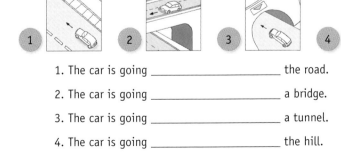

1. The car is going _____ the road.

2. The car is going _____ a bridge.

3. The car is going _____ a tunnel.

4. The car is going _____ the hill.

1 ✐

Schreiben Sie die passenden Präpositionen in die Lücken.

1. _____ Monday   5. _____ Christmas

2. _____ June   6. _____ night

3. _____ the evening   7. _____ the morning

4. _____ six o'clock   8. _____ the 14th of

December

2 ✐

Ergänzen Sie die Sätze mit **for**, **in** oder **ago**.

1. She will be here _____ ten minutes.

2. They are staying _____ one week.

3. He finished school two years _____.

4. He'll be back _____ two hours.

5. They're staying _____ two days.

3 ✐

Wo ist die Katze?
Schreiben Sie eine passende Präposition in die Lücke.

_____ the shoes

_____ the desk

_____ the table

_____ the fireplace

Präpositionen des Ortes / Welche Präposition ist richtig?

4

Sehen Sie sich die Bilder an und lesen bzw. hören Sie die Sätze. Kreuzen Sie dann den Satz an, der am besten zum Bild passt.

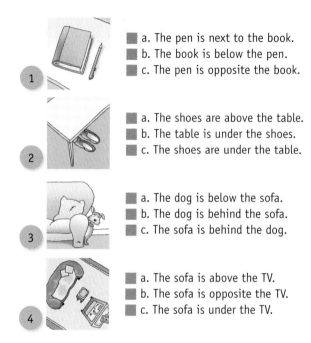

1
a. The pen is next to the book.
b. The book is below the pen.
c. The pen is opposite the book.

2
a. The shoes are above the table.
b. The table is under the shoes.
c. The shoes are under the table.

3
a. The dog is below the sofa.
b. The dog is behind the sofa.
c. The sofa is behind the dog.

4
a. The sofa is above the TV.
b. The sofa is opposite the TV.
c. The sofa is under the TV.

5

Ordnen Sie den Bildern die richtigen Präpositionen zu, indem Sie sie in die Lücken schreiben.

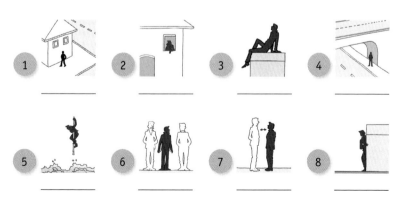

Es ist meins – es gehört mir! / Ich kann das selbst!

1

Verbinden Sie die Sätze auf der linken Seite jeweils mit einem Satz auf der rechten Seite, der genau das Gleiche ausdrückt.

1. This is my book.
2. This is your camera.
3. This is his bag.
4. This is her pen.
5. This is our computer.
6. This is their living room.

◀ **mine** – *meiner/ meine/meins*
yours – *deiner/ deine/deins*
his – *seiner/ seine/seins*
hers – *ihrer/ ihre/ihres*
ours – *unserer/ unsere/unseres*
theirs – *ihrer/ ihre/ihres*

a. This living room is theirs.
b. This book is mine.
c. This bag is his.
d. This pen is hers.
e. This camera is yours.
f. This computer is ours.

2 TR. 55

Lesen Sie die Fragen und ordnen Sie ihnen dann die richtigen Antworten zu. Sie können sich die Antworten auch auf Ihrer CD anhören. Achten Sie dabei besonders auf die Betonung des letzten Wortes.

1. Can I help you with your bag?
2. Should I help Jane with her homework?
3. Do you and Kate need help with the tent?
4. Should we help Ben and Jane with dinner?
5. Do you need the pump for the air mattress?

◀ **put up** – *aufstellen*
air mattress – *Luft- matratze*
inflate – *aufpumpen/ aufblasen*
myself – *selbst*
herself – *selbst*
ourselves – *selbst*
themselves – *selbst*
itself – *selbst*

a. No, thanks. I can carry it myself!
b. No, I think it inflates itself.
c. No, I think they can do that themselves.
d. No, she should really do it herself!
e. No, thanks. We can put it up ourselves.

Oh dear, where's our mattress? / *Possessivbegleiter*

3 TR. 56

Die Familie Smith ist in Südfrankreich angekommen, sie haben ihre Zelte aufgestellt und richten sich ein. Dabei geht es etwas chaotisch zu.
Lesen Sie den Dialog. Wenn Sie möchten, können Sie diesen auch auf der CD hören.

Paul: Whose trousers are these?

Jane: I don't know. They're not mine. I think they're Ben's.

Paul: Ben? Are these your trousers? Could you put them away, please?

Ben: All right.

Jane: Does anybody know where my air mattress is?

Paul: Oh, I think it's in our tent. I'll get it for you.

Jane: No, it's all right, Dad. I'll get it myself.

Paul: Right. Now where's ours? I know we've got it. Kate packed it herself. Ben? Do you know where our air mattress is?

Ben: No idea.

Jane: I've got mine!

Paul: Let's see ... It's not in the car, it's not out here ... Oh dear, I hope we packed it. Kate? Kate?

Ben & Jane: Typical!

Jane: They always tell us not to forget anything and then they forget everything themselves!

> **whose** – *wessen*
> **put away** – *wegtun/wegpacken*
> **right** – *also*
> **no idea** – *keine Ahnung*
> **typical** – *typisch*

4

Diese Sätze sind durcheinander gepurzelt.
Bringen Sie sie wieder in die richtige Reihenfolge.

1. These / trousers / Ben's / are / .
2. her / air mattress / is / This / .
3. is / air mattress / our / Where / ?
4. Paul / forget / and / themselves / everything / Kate / .
5. mine / I / got / 've / !
6. it / herself / packed / Kate / .

5

Possessivbegleiter

Um Besitz oder Zugehörigkeit auszudrücken, benutzt man im Englischen die folgenden **Possessivbegleiter**:

my (*mein / meine*)	**Where's my air mattress?**
your (*dein / deine / ihr / ihre*)	**Ben? Are these your trousers?**
his (*sein / seine*)	**These are his trousers.**
her (*ihr / ihre*)	**This is her air mattress.**
its (*sein / seine*)	**The dog ate its food.**
our (*unser / unsere*)	**I can't find our tent!**
their (*ihr / ihre*)	**This is their problem.**
your (*euer / eure*)	**Ben and Jane? Is this your cat?**

> **Nice to know**
>
> Vorsicht! Der Possessivbegleiter **its** (*sein / seine*) wird oft mit **it's** (*es ist*) verwechselt.

Die englischen **Possessivbegleiter** stehen immer vor einem Substantiv und bleiben unveränderlich, egal ob dieses im Plural oder im Singular steht.

6 ✎

Unterstreichen Sie für jeden Satz den Possessivbegleiter, der sich auf die Person oder Personen bezieht, die vorher im Satz genannt worden sind.

1. Paul forgot to pack *his / her / its* air mattress.
2. Ben and Jane have got *its / our / their* mattresses.
3. Kate has got *our / her / his* sleeping bag.
4. We can't find *your / our / my* bag!

7 ✎

Ergänzen Sie die Sätze mit einem passenden Possessivbegleiter (**my**, **your**, **his**, etc.).

1. This book belongs to me. It's _____ book.

2. This car belongs to Paul. It's _____ car.

3. This pen belongs to you. It's _____ pen.

4. This house belongs to Paul and Kate. It's _____ house.

5. This basket belongs to the cat. It's _____ basket.

8

▶ § 20 **Pronomen**

my	mine
you	yours
his	his
her	hers
it	its
our	ours
you	yours
their	theirs

Possessivpronomen

Ist bereits klar, von welcher Person oder Sache die Rede ist, wird diese ausgespart und statt einem Possessivbegleiter ein **Possessivpronomen** verwendet.

Nice to know

Die Konstruktion **... of mine/yours** etc. ist sehr häufig.
a friend of mine
ein Freund von mir
a sister of hers
eine Schwester von ihr

Whose trousers are these?
Wessen Hose ist das?
Is this their house?
Ist das ihr Haus?
What's your phone number?
Wie ist deine Telefonnummer?

They're mine.
Das ist meine.
No, theirs is over there.
Nein, ihres ist dort drüben.
576345. What's yours?
576345. Wie ist deine?

Schauen Sie sich in der Abbildung noch einmal alle Possessivbegleiter und die entsprechenden Possessivpronomen an und prägen sie sich ein.

9

Schreiben Sie neben die Possessivbegleiter das entsprechende Possessivpronomen in die Lücke (zum Beispiel: **my - mine**)

1. our   _____

2. his   _____

3. their   _____

4. your   _____

10 ✏

Formen Sie die Sätze so um, dass sie anstatt des Possessivbegleiters ein Possessivpronomen enthalten (zum Beispiel: **This is my book. – This book is mine.**).

1. This is our house.   _____

2. These are my shoes.   _____

3. This is your umbrella.   _____

4. These are their photos.   _____

5. This is his car.   _____

6. These are her trousers.   _____

11 👓

Der 's-Genitiv

Der **'s-Genitiv** wird verwendet, um aufzuzeigen, wem etwas gehört. Hierzu wird bei Personen, Tieren oder Ländern im Singular ein **'s** an das Substantiv angehängt. Werden zwei Personen zusammen genannt, so wird das **'s** nur an die letztgenannte Person angehängt.

Paul's car	*Pauls Auto*
Paul and Kate's house	*Paul und Kates Haus*

Endet ein Wort **im Plural** auf **-s**, bekommt es nur ein Apostroph.

the parents' bedroom	*das Schlafzimmer der Eltern*

Bei Substantiven, deren Pluralformen nicht auf **-s** enden, wird **'s** angehängt.

the children's bikes	*die Fahrräder der Kinder*

Statt **'s** wird oft auch eine Konstruktion mit **of** benutzt:

Paul and Kate's house	**the house of Paul and Kate**

> **Nice to know**
>
> Der **'s-Genitiv** wird auch oft so verwendet, dass er dem deutschen *beim* entspricht:
> **at the doctor's**
> *beim Arzt*
> **at the hairdresser's**
> *beim Friseur*

12 TR. 57 ✏

Lesen Sie, wem die abgebildeten Dinge gehören (**belong to**). Formen Sie dann den Satz so um, dass sie den 's-Genitiv benutzen können (zum Beispiel **This cat belongs to Kate. - This is Kate's cat.**).
Die Lösung können Sie auch überprüfen, indem Sie sich die CD anhören.

 1 2 3 4

1. This car belongs to Paul.

_____

2. This bike belongs to Kate

_____

3. This tent belongs to the children.

_____

4. This bedroom belongs to the parents.

_____

11

Wo sind meine Sandalen? / Reflexivpronomen

13 🖉

hang on – *warte mal* ▶
have a look – *nachsehen*
tidy away – *wegräumen*

Im Urlaub der Familie Smith geht es manchmal etwas drunter und drüber. Lesen Sie den Dialog und ergänzen Sie die fehlenden **Possessivbegleiter**, **Genitiv-'s** oder **Possessivpronomen**.

Kate: Does anyone know where 1. _____ sandals are?

Paul: No idea. 2. _____ are here. Hang on, are these 3. _____ _____?

Kate: No, I think they're Jane 4. _____. Jane? Are these sandals 5. _____?

Jane: No, they're Ben 6. _____.

Kate: Hmm, I'll have another look in 7. _____ tent ... What's this? Jane, what's 8. _____ swimming costume doing in 9. _____ tent?

Jane: Thanks, Mum! Oh, and 10. _____ sandals are here!

Paul: I wish these kids would tidy 11. _____ things away a bit better!

Nice to know

I wish ... + would ... wird häufig benutzt, um unrealistische Wünsche zu äußern.
I wish I would win the first prize.
Ich wünschte ich würde den ersten Preis gewinnen.

Nice to know

Vorsicht!
I can do it myself. heißt *Ich kann das selbst machen.*
I can do it by myself. heißt *Ich kann das allein machen.*

Lerntipp!

Falls Sie mit grammatikalischen Ausdrücken, wie z.B. Subjekt und Objekt, Schwierigkeiten haben sollten, können Sie deren genaue Bedeutung in Ihrer Grammatik nachlesen.
Dort finden Sie unter **§ 1 Wichtige Grammatikbegriffe** einfache Erklärungen zu allen zentralen Begriffen, die in diesem Kurs verwendet werden.

14 👓

Reflexivpronomen
Im Englischen gibt es die folgenden **Reflexivpronomen**:

myself	*mich / mir*	**itself**	*sich*
yourself	*dich / dir*	**yourselves**	*euch*
himself	*sich*	**themselves**	*sich*
herself	*sich*	**ourselves**	*uns*

Diese werden verwendet, wenn sich das Verb im Satz auf die Person bezieht, welche die Handlung auch ausführt. Das heißt, wenn **Subjekt** und **Objekt** identisch sind.

I bought myself a new car.
Ich habe mir ein neues Auto gekauft.
They wash themselves every morning.
Sie waschen sich jeden Morgen.

Sie werden aber auch benutzt, um zu betonen, von wem etwas getan wird. Im Deutschen verwendet man dann das Wort *selbst*.

They forget everything themselves!
Sie vergessen selbst alles!

15 ✐

Die Buchstaben dieser Reflexivpronomen sind durcheinander gepurzelt.
Können Sie sie wieder in die richtige Reihenfolge bringen?

1. ymfels   _____

2. soyurlfe   _____

3. mhfiels   _____

4. hfeselr   _____

5. ilseft   _____

16 ✐

Schreiben Sie ein passendes Reflexivpronomen in die Lücke.

1. Did you make that cake _____?

2. We did everything _____.

3. They did all the work _____.

17 ✐

Wenn Menschen etwas ohne fremde Hilfe geleistet haben, sind sie oft stolz
darauf und möchten diese Tatsache besonders betonen.
Lesen Sie die Fragen. Schreiben Sie dann eine positive Antwort, die ein Reflexivpronomen enthält, in die Lücken. Es soll betont werden, dass die genannte Person die Sache *selbst* gemacht hat (z.B. **Did you make the cake
yourself? – Yes, I made it myself.**).

1. Did you make the dress yourself?

     _____

2. Did Jane do her homework herself?

     _____

3. Did Paul and Kate do the garden themselves?

     _____

4. Did you and Louise make the cake yourselves?

     _____

Ordnen Sie die Sätze! / Finden Sie die Pronomen?

18

In diesen Sätzen sind die Wörter durcheinander geraten.
Schreiben Sie sie in der richtigen Reihenfolge auf.

1. bought / five / They / ago / their / years / house / .
2. can / that / I / myself / do / !
3. prepared / He / himself / everything / .
4. The / car / is / red / theirs / .
5. family / much / likes / He / his / very / .
6. opened / himself / the / door / He / .
7. That / Ben's / is / bicycle / .
8. Kate's / is / Paul / and / house / That / .

19

In diesem Buchstabengitter sind zehn Wörter versteckt,
die Sie in dieser Lektion gelernt haben.
Welche sind es?

K	Z	D	P	M	W	H	M	W	K	I	O
G	P	B	H	I	S	E	Y	J	K	T	U
J	C	D	A	N	B	R	S	D	A	S	R
D	A	T	H	E	M	S	E	L	V	E	S
A	Z	H	I	M	S	E	L	F	Z	L	B
Y	O	U	R	S	E	L	F	C	A	F	G
P	B	Y	O	U	R	S	E	L	V	E	S

1. _____
2. _____
3. _____
4. _____
5. _____

6. _____
7. _____
8. _____
9. _____
10. _____

Possessivbegleiter / Meins und deins / Welches Wort passt nicht?

1

Unterstreichen Sie jeweils den korrekten Possessivbegleiter.

1. This car belongs to you and me. It is *our / their / ours* car.
2. This bike belongs to Ben. It is *her / hers / his* bike.
3. This bag belongs to you. It is *his / yours / your* bag.
4. This house belongs to Paul and Kate. It is *their / theirs / her* house.
5. This book belongs to me. This is *its / my / mine* book.

2

Schreiben Sie die passenden Possessivpronomen neben die entsprechenden Possessivbegleiter.

1. my _____

2. your _____

3. his _____

4. her _____

5. its _____

6. our _____

7. their _____

3

Unterstreichen Sie jeweils das Wort, das nicht zu den anderen in der Gruppe passt. Achten Sie darauf, ob es sich bei den Wörtern um Possessivpronomen, Possessivbegleiter oder Reflexivpronomen handelt.

1. mine / your / yours / his
2. myself / yourselves / our / ourselves
3. our / his / her / yours
4. theirs / their / yours / his
5. ours / ourselves / myself / himself

Wem gehört das? / Reflexivpronomen

4 🖉

Wem gehören diese Dinge? Schreiben Sie beispielsweise Jane's T-shirt in die Lücke, wenn Jane mit einem T-Shirt abgebildet ist.

5 🖉

Ergänzen Sie die Sätze mit dem jeweils passenden Reflexivpronomen.

1. I can do that _____.

2. You can do that _____.

3. You and Paul, you can do that _____.

4. They can do that _____.

5. We can do that _____.

*Im Urlaub / Das **past participle***

1

Die Familie Smith ist jetzt mitten in ihrem Sommerurlaub in Südfrankreich. Schauen Sie sich an, was sie zu diesem Zeitpunkt schon unternommen haben und was sie noch vorhaben. Wenn Sie möchten, können Sie sich die Sätze auf Ihrer CD anhören.
Ordnen Sie dann den Sätzen das passende Bild zu.

> **Nice to know**
>
> Für das deutsche Wort *Küche* gibt es im Englischen zwei Entsprechungen: **kitchen** ist der Ort, an dem gekocht wird, und **cuisine** sind die typischen Gerichte einer Region.

1. They've visited a church. ☐
2. They haven't gone sailing yet. ☐
3. They haven't bought any wine yet. ☐
4. They've tried out the local cuisine. ☐
5. They've spent a lot of time on the beach. ☐

> ◀ **not ... yet** – *noch nicht*
> **gone** – *gegangen*
> **try out** – *ausprobieren*

2

Die unregelmäßigen Verben unten kennen Sie bereits. Hier sind deren Infinitiv und **past simple**-Form angegeben. Verbinden Sie diese nun mit der passenden dritten Form im Kasten.

a. given	d. done	g. been	i. driven
b. had	e. written	h. eaten	j. made
c. gone	f. seen		

> ◀ **done** – *getan*
> **written** – *geschrieben*
> **seen** – *gesehen*
> **been** – *gewesen*
> **eaten** – *gegessen*
> **driven** – *gefahren*
> **made** – *gemacht*

1. be, was / were ☐
2. go, went ☐
3. make, made ☐
4. do, did ☐
5. see, saw ☐

6. have, had ☐
7. drive, drove ☐
8. give, gave ☐
9. write, wrote ☐
10. eat, ate ☐

*Have you written to Louise? / Das **present perfect***

3 TR.59

Der Urlaub von Kate und Paul neigt sich dem Ende zu. Bevor Sie zurück-
fahren, schreiben Sie noch einen ganzen Stapel Postkarten. Lesen Sie den
Dialog oder hören Sie ihn sich auf der CD an.

just – *gerade*
send – *schicken*
either – *auch nicht*
sign – *unterschreiben*

Paul: Hang on, here's the list. We've written to my parents ...

Kate: Yes, and I've just written to mine, too. Here's the postcard.

Paul: Great. Have we written the card to Louise?

Kate: No, we haven't. I'll do that next.

Paul: OK. What about Stephen and Sue? We should write them a card, too.

Kate: We've never written them post-cards, I think. They never send us postcards, either.

Paul: They wrote to us last year, I think. Do you remember they went to Bali?

Kate: You're right. Let's write them a card, too.

Paul: OK. Have you written to Elizabeth?

Kate: Yes, and I've already written to James, too. Here's the card, if you want to sign it.

Paul: Sure. Oooh, hang on, have we written to Aunt Hermione?

Kate: Erm... no, we haven't. Let's do that now, we really mustn't forget!

4

▶ § 18 Das *present perfect*

Bildung des **present perfect**
Das **present perfect** wird aus **have/has** und der dritten Form (dem **past participle**) des Hauptverbs gebildet. **Have/has** wird dabei oft abgekürzt zu **'ve/'s**.

Bei regelmäßigen Verben wird das **past participle** gebildet, indem man **-ed** an die Grundform des Verbs anhängt. Endet das Hauptverb auf **-y**, so wird dieses zu **-ied**.

> **They've visited a church.**
> *Sie haben eine Kirche besichtigt.*
> **They've tried out the local cuisine.**
> *Sie haben die lokale Küche ausprobiert.*

5

In der Verneinung wird **not** zwischen **have**/**has** und dem **past participle** eingefügt. Hierbei wird besonders in der gesprochenen Sprache auf zwei Weisen verkürzt.

> **They** haven't visited Marseille.
> **They**'ve not watched a lot of TV.

Zur Bildung von Fragen vertauscht man die Position von **have** und dem Subjekt.

> **Have they watched a lot of TV?**

Kurzantworten werden mit **have**/**has** gebildet.

> **Has he watched a lot of TV?**   **No, he hasn't.**
> *Hat er viel ferngesehen?*   *Nein, hat er nicht.*
> **Have they visited Marseille?**   **Yes, they have.**
> *Haben sie Marseille besucht?*   *Ja, haben sie.*

6 TR. 60

Sie sehen hier Verben, deren **past participle** unregelmäßig ist. Lesen Sie die Beispielsätze laut bzw. hören Sie sie sich an und sprechen Sie diese laut nach. Versuchen Sie, sich die unregelmäßigen Verben samt **past participle** einzuprägen.

be, was/were, **been**	He's been to France.
go, went, **gone**	He's gone home.
make, made, **made**	They've made a mistake.
do, did, **done**	I've done my homework.
see, saw, **seen**	I've seen her!
have, had, **had**	We haven't had enough time.
drive, drove, **driven**	Have you driven him home?
give, gave, **given**	Have you given her the present?
write, wrote, **written**	Have you written to Louise?
eat, ate, **eaten**	You've eaten all the cake!
speak, spoke, **spoken**	She's spoken to me.
tell, told, **told**	Have you told him about the problem?
buy, bought, **bought**	Have you bought everything we need?
think, thought, **thought**	He hasn't thought of that.
sleep, slept, **slept**	I've slept really well.

Unregelmäßige Verben II / Welche Verbform passt?

7

▶ § 23 **Unregelmäßige Verben**

▶ § 24 **Verbformen**

Viele der häufig gebrauchten Verben im Englischen sind unregelmäßig. Es führt kein Weg daran vorbei, sich diese Verben einzeln einzuprägen. In Übung 6 sowie in diesem Kasten finden Sie alle wichtigen unregelmäßigen Verben dieses Kurses.

Nice to know

Vorsicht!
He's drunk the wine.
heißt *Er hat den Wein getrunken.*
He's drunk. heißt aber *Er ist betrunken.*

begin	began	begun
build	built	built
drink	drank	drunk
fall	fell	fallen
feed	fed	fed
find	found	found
forget	forgot	forgotten
get	got	got/gotten
know	knew	known
leave	left	left
meant	meant	meant
meet	met	met
put	put	put
read	read	read
ride	rode	ridden
say	said	said
sell	sold	sold
send	sent	sent
sing	sang	sung
sit	sat	sat
spend	spent	spent
stand	stood	stood
swim	swam	swum
take	took	taken
wear	wore	worn

8 TR. 61

Lesen Sie die Fragen oder hören Sie sie, wenn Sie möchten, und unterstreichen Sie die Form, welche die Antwort korrekt ergänzt.

1. Have you spoken to Kate? Yes, I've just *speak / spoken / spoke* to her.
2. Has Jane been to France before? No, she's never *been / was / is* there.
3. Do we have any food left? No, the children've *eat / eaten / eating* it all.
4. Does Paul know the way? Yes, he's *drives / drove / driven* there many times.

9 👓

Das **present perfect** wird verwendet, wenn man von etwas spricht, das in der Vergangenheit begonnen hat und bis in die Gegenwart reicht. Das heißt, wenn man von Handlungen spricht, die noch nicht abgeschlossen sind.

> **Paul and Kate have gone on holiday.**
> bedeutet, dass sie immer noch im Urlaub sind.

Man benutzt das **present perfect** auch dann, wenn eine Handlung zwar abgeschlossen ist, aber nur deren Ergebnis wichtig ist.

> **Have we written the card to Louise?**
> Hier ist es wichtig, ob die Karte geschrieben wurde, nicht wann.

Man findet im **present perfect** auch oft **not ... yet** (*noch nicht*) oder **never** (*noch nie*).

> **They haven't bought any wine yet.**
> **They've never been to France.**

Fragen werden oft mit **ever** (*jemals*) oder **yet** (*schon*) gestellt.

> **Have we written to Aunt Hermione yet?**
> **Have you ever been to France?**

10 ✏️

Die Familie Smith bereitet einen Strandtag vor. Lesen Sie den Dialog und ergänzen Sie die fehlenden **past participle** Formen.

> **Kate:** Has anyone (1.) _____ (see) the big towels?
>
> **Paul:** Yes, I've (2.) _____ (put) them in the car.
> Do we have suntan lotion?
>
> **Kate:** Yes, I've (3.) _____ (buy) some. I've (4.) _____
> _____ (leave) it in the car.
>
> **Paul:** Good. Oh, and have we (5.) _____ (pack)
> some books?
>
> **Kate:** I've (6.) _____ (read) all the ones we brought.
>
> **Paul:** Have you really? I haven't even (7.) _____
> (finish) the first one. Oh my goodness!

*Zeitpunkt oder Zeitraum? / **For** oder **since**?*

11 👓

▶ § 21 *Since* **oder** *for?*

Das **present perfect** wird oft in Verbindung mit **since** (*seit*), **for** (*seit*) oder **how long** verwendet. Es entspricht dann der deutschen Gegenwartsform mit *schon*.

> **Kate has worked in a shop for ten years.**
> *Kate arbeitet seit zehn Jahren in einem Laden.*
> **Kate has worked in a shop since 1993.**
> *Kate arbeitet seit 1993 in einem Laden.*

For steht immer für eine **Zeitdauer**. Es zeigt an, **wie lange** etwas geschieht oder geschehen ist. **Since** bezieht sich auf einen **Zeitpunkt**. Es zeigt an, **seit wann** etwas geschieht oder geschehen ist. Im **present perfect** werden beide Präpositionen mit *seit* übersetzt. Deshalb ist es hier besonders wichtig, darauf zu achten, ob es sich um einen **Zeitpunkt** (**since**) oder um eine **Zeitdauer** (**for**) handelt.

Hier einige Beispiele:
For wird mit Zeitbestimmungen verwendet, die einen **Zeitraum** beschreiben:

two hours	*zwei Stunden*	**a week**	*eine Woche*
20 minutes	*20 Minuten*	**40 years**	*40 Jahre*
six months	*sechs Monate*		

Since wird mit Zeitbestimmungen verwendet, die einen **Zeitpunkt** angeben:

9 o'clock	*9 Uhr*	**Monday**	*Montag*
yesterday	*gestern*	**December**	*Dezember*
Christmas	*(seit) Weihnachten*		

12 ✏

Ergänzen Sie die Sätze mit **for** oder **since**.

> 1. He's lived in this house _____ 10 years.
>
> 2. He's lived in this house _____ 1994.
>
> 3. She's been out _____ two o'clock.
>
> 4. She's been out _____ two hours.
>
> 5. Paul has worked at the bank _____ 15 years.
>
> 6. Paul has worked at the bank _____ last summer.

13 👓

Present perfect – past simple

Das **past simple** wird dann verwendet, wenn man über eine abgeschlossene Handlung oder ein Ereignis in der Vergangenheit redet. Oft findet man Zeitbestimmungen wie **yesterday, a year ago, last August** oder in **1977**, die eindeutig auf einen Zeitpunkt in der Vergangenheit hinweisen.

> **They wrote to us last year.**

Das **present perfect** wird hingegen verwendet, wenn ein Bezug zur Gegenwart besteht. Zeitbestimmungen, die häufig im **present perfect** verwendet werden, sind **ever** (*jemals*), **never** (*nie*), **yet** (*schon*), **not ... yet** (*noch nicht*), **just** (*gerade*), **since** (*seit*), **so far** (*bis jetzt*) oder **this week/year** (*diese Woche/dieses Jahr*).

> **I've just written to my parents.**
> *Ich habe gerade meinen Eltern geschrieben.*

Im Deutschen werden beide Vergangenheitsformen meist ohne Bedeutungsunterschied benutzt. Im Englischen aber kann sich mit der Vergangenheitsform auch die Bedeutung des Satzes ändern.

> **They've gone on holiday.** heißt, dass sie noch im Urlaub sind.
> **They went on holiday.** heißt, dass sie bereits zurück sind.

Lerntipp!

Indem Sie sich alte Module, Übungen und Erklärungen immer mal wieder anschauen, festigen Sie Ihre englischen Grammatikkenntnisse.
Schauen Sie doch einfach mal im Inhaltsverzeichnis nach und wiederholen Sie ein Modul, das ein Pensum behandelt, das noch einmal vertieft werden könnte. Oder lesen Sie sich einige Paragraphen, bei denen Sie sich unsicher sind, in Ihrer Grammatik durch.

14 ✏️

Kate schreibt Louise gerade eine Karte. Ergänzen Sie die Verben in Klammern im **present perfect** oder **past simple**.

> Dear Louise,
>
> We're having a fantastic time in France, and we (1.) _____
>
> _____ (be) very active. We (2.) _____ (not
>
> go) sailing yet, but we're planning to do that soon. Yesterday we
>
> (3.) _____ (go) to a local market and (4.) _____
>
> _____ (buy) some fish. Then we (5.) _____ (grill)
>
> the fish on the barbecue – it (6.) _____ (be) delicious!
>
> (7.) _____ you ever _____ (try) barbecued
>
> fish? The weather (8.) _____ (be) fantastic so
>
> far, and we (9.) _____ (spend) a lot of time on
>
> the beach. See you soon, Kate and family

Welches Verb ist das? / Unregelmäßige Verben gesucht!

15 🖉

Bei den folgenden unregelmäßigen **past participle**-Formen sind die Buchstaben durcheinander geraten. Bringen Sie sie wieder in die richtige Reihenfolge. Die Bilder helfen Ihnen herauszufinden, welches Verb gemeint ist.

1	2	3	4
tewnitr	rnkud	tanee	dera

_____   _____   _____   _____

16 🖉

Schreiben Sie das fehlende Verb in der korrekten Zeitform in das Kreuzworträtsel.

1. We know the place. We've ... there before.
2. Have you ... all the postcards yet?
3. I'm sorry, there is no more coffee. I've ... it all.
4. I've never ... those trousers before.
5. Yes, he knows that. I ... him.
6. John's never ... here before. He always sits over there.
7. I've ... to her. She's coming at 7 o'clock.
8. Have you ... that book? It's very good.
9. Where's all the cake? I'm sorry, I've ... it.
10. Yes, I know the way. I've ... there many times.

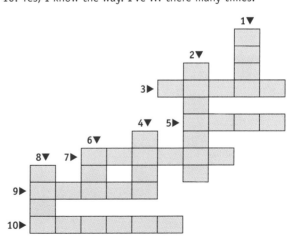

Past participle – *Formen* / *Das **present perfect***

1 🖉

Sehen Sie sich das Bild an und ergänzen Sie die Sätze mit der **past participle** Form eines passenden Verbs.

1. She's _____ a letter.

2. Somebody's _____ all the cake!

3. I've _____ the book.

4. You've _____ the dishes.

5. Have you _____ well?

2 🖉

Wandeln Sie die folgenden Sätze ins **present perfect** um und schreiben Sie diese in die Lücken.

1. We go shopping.

   _____

2. She is speaking to her friend.

   _____

3. He drives home.

   _____

4. She buys apples.

   _____

5. They take pictures.

   _____

For oder *since?* / *Zeitangaben* / *Verbformen*

3

Werden diese Zeitangaben im **present perfect** mit **for** oder mit **since** verwendet? Schreiben Sie die passende Präposition in die Lücken.

1. _____ two years

2. _____ last year

3. _____ one hour

4. _____ 2001

5. _____ one week

4

Unter den folgenden Gruppen von Wörtern ist jeweils ein Wort, das nicht mit dem **present perfect** benutzt werden kann. Können Sie es identifizieren? Kreuzen Sie es an.

1. ▨ a. ever
   ▨ b. yet
   ▨ c. last year
   ▨ d. already

2. ▨ a. never
   ▨ b. two hours ago
   ▨ c. for
   ▨ d. so far

3. ▨ a. yet
   ▨ b. already
   ▨ c. in 1999
   ▨ d. since

4. ▨ a. for
   ▨ b. ago
   ▨ c. since
   ▨ d. just

5

Unterstreichen Sie die Verbform, die den Satz korrekt ergänzt.

1. Yesterday, I *am walking / walked / have walked* home from work.
2. This morning, I *have worked / worked / work* a lot.
3. He *has lived / lives / lived* in this house for ten years, and he likes it very much.
4. Paul *knows / has known / knew* Kate since they went to school together.
5. They *have bought / bought / buy* a new kitchen last year.

1

Übung 1
oranges, apples, pears, bananas, trousers, tickets, children

Übung 4
1. dessert; 2. trousers; 3. French; 4. dog; 5. March; 6. Saturday; 7. children / kids; 8. Friday; 9. dinner; 10. Spain

Übung 6
1.an; 2. a; 3. a; 4. an; 5. an; 6. a; 7. an; 8. a; 9. an; 10. a; 11. an; 12. a

Übung 8
1. c; 2. e; 3. d; 4. a; 5. b

Übung 9
1. books; 2.cities; 3. tomatoes; 4. fish; 5. presents; 6. knives; 7. tickets; 8. kisses; 9. mice; 10. roofs

Übung 11
1. c; 2. a; 3. b; 4. d

Übung 12
1. piece; 2. bottle; 3. cup; 4. slice; 5. packet

Übung 14
1. There is / There's ; 2. There is / There's; 3. There are; 4. There is / There's; 5. There are; 6. There are

Übung 15

A	C	T	O	M	A	T	O	E	S
K	C	P	W	F	I	S	H	T	B
I	N	E	B	G	E	P	U	W	O
C	H	I	L	D	R	E	N	O	T
A	M	N	V	G	L	A	T	M	T
K	M	I	C	E	P	R	Z	E	L
E	B	O	O	K	S	S	T	N	E
S	K	T	R	O	U	S	E	R	S

Übung 16
1. d; 2. c; 3. b; 4. e; 5. a; 6. f

Test 1

Übung 1
1. G; 2. f; 3. M,U; 4. M; 5. T; 6. d; 7. E; 8. b

Übung 2
1. c; 2. b; 3. a; 4. c

Übung 3
1. a; 2. an; 3. an; 4. a; 5. a; 6. an

Übung 4
1. women; 2. mice; 3. books; 4. feet; 5. bottles; 6. knives

2

Übung 1
1. b; 2. f; 3. g; 4. c; 5. h; 6. e; 7. d; 8. a

Übung 2
1. d; 2. b; 3. a; 4. c

Übung 4
1. live; 2. take; 3. gets up; 4. works; 5. loves

Übung 6
1. Jane has breakfast at home. / Jane has breakfast. / She has breakfast.; 2. She goes to school by bus. / Jane goes to school by bus. / She goes to school. / Jane goes to school.; 3. In the morning, she has maths. / In the morning, Jane has maths. / Jane has maths. / She has maths. / Jane has maths in the morning. / She has maths in the morning.; 4. In the break, she goes to the library. / In the break, Jane goes to the library. / Jane goes to the library in the break. / She goes to the library in the break. / She goes to the library. / Jane goes to the library.; 5. After lunch, she has sports. / After lunch, Jane has sports. / Jane has sports after lunch. / She has sports after lunch. / Jane has sports. / She has sports.

Übung 8
1. watch; 2. drives; 3. cleans / washes; 4. cycle

Module 2 bis 3

Übung 11
1. don't have; 2. don't go; 3. don't go; 4. never; 5. don't

Übung 14
1. Do you know John?; 2. Is he Japanese?; 3. Jane isn't at school today. ; 4. We're not very happy. 5. Does she read a book?; 6. Are you tired?

Übung 16
1. Yes, he is., 2. Yes, they are.; 3. No, he doesn't. / No, he does not.; 4. Yes, they do.; 5. Yes, she is.

Übung 17

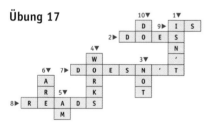

Übung 18
1. do, wear; 2. don't, wear; 3. does; 4. does, don't

Test 2

Übung 1
1. He drives to work. 2. He likes swimming. 3. He doesn't go to work by bus. / He does not go to work by bus. 4. He doesn't read many books. / He does not read many books. 5. He's very thin. / He is very thin. 6. He's not angry. / He isn't angry. / He is not angry.

Übung 2
1. isn't / is not; 2. doesn't read / does not read; 3. don't like / do not like; 4. don't watch / do not watch; 5. 'm not / am not; 6. don't play / do not play; 7. aren't / are not

Übung 3
1. b; 2. a; 3. b; 4. b; 5. c

Übung 4
1. Do you know Kate? Yes, I do. 2. Does Kate smoke? No, she doesn't. 3. Is Jane from Birmingham? No, she isn't. 4. Are you cold? Yes, I am.

3

Übung 1
a. 3; b. 4; c. 1; d. 2; e. 5

Übung 2
1. c; 2. e; 3. a; 4. d

Übung 4
It, you, you, I, him, we, me, them, they, they, we, them, I, I, you, she, she, I, her, they, we, he, you, we, I, you, you, them

Übung 5
1. She often sees her.
2. I never play tennis with him.
3. They always visit us.
4. She visits her in the evening.
5. She never talks about them.
6. We play football on Saturdays.
7. Do you remember her?

Übung 6
1. We see them.
2. She sees her.
3. He meets him.
4. She meets her.
5. They talk about him.
6. He talks about them.

Übung 7
1. She; 2. She; 3. them; 4. her; 5. her; 6. They; 7. I; 8. us / me; 9. She; 10. us / me; 11. You; 12. her; 13. me; 14. him

Übung 9
1. 's got / has got; 2. haven't got / 've not got / have not got; 3. 've got / have got; 4. haven't got / 've not got / have not got; 5. hasn't got / 's not got / has not got

Übung 10
these, that, that, that, this, this, that, that, those,

Übung 12
1. b; 2. b; 3. a; 4. a

Übung 13
1. These are bananas.
2. This is an apple.
3. That's Paul.
4. This is a dog.

Übung 14
1. got; 2. Those; 3. her; 4. they; 5. This; 6. Has; 7. them; 8. him; Satz: Have fun!

Übung 15
1. him; 2. me; 3. her; 4. that; 5. us; 6. him; 7. them; 8. those; 9. I; 10. you; 11. he; 12. him; 13. her; 14. them; 15. that

Test 3

Übung 1
1. us; 2. They / they; 3. We / we; 4. her; 5. him; 6. them

Übung 2
1. b; 2. a; 3. a; 4. a; 5. c

Übung 3
1. This; 2. That; 3. These; 4. These; 5. Those

Übung 4
1. Those / those; 2. These / these; 3. This / this; 4. That / that

Übung 5
1. He visits her every Sunday.
2. They often bring us cakes.
3. We do many things together.
4. I like you very much.
5. You go to the café with me.
6. We never play football with him.

4

Übung 1
1. d; 2. e; 3. a; 4. c; 5. b

Übung 2
1. Jane is eating a cake.
2. Ben is listening to music.
3. Kate is watering the garden.
4. Jane is playing the piano.
5. Paul is washing the car.
6. The cat is sleeping.

Übung 3
doing, cooking, making, doing, coming, playing, coming, making

Übung 6
1. 're working / are working; 2. are giving / 're giving; 3. 're studying / are studying; 4. 'm writing / am writing; 5. 'm doing / am doing; 6. 's doing / is doing; 7. Are ... learning / studying

Übung 8
1. aren't; 2. not; 3. isn't; 4. 'm not

Übung 10
1. Are you; 2. Is Paul; 3. Are they; 4. Is she

Übung 12
1. a; 2. c; 3. c; 4. b

Übung 13
1. No, he isn't. / No, he's not. / No, he is not.
2. Yes, they are. 3. No, they aren't. / No, they're not. / No, they are not. 4. Yes, he is.

Module 4 bis 5

Übung 15
1. is playing, plays; 2. is reading, reads; 3. isn't working, works; 4. Are, going, go

Übung 16
1. a, b; 2. b, a; 3. a, b; 4. b, a

Übung 17
1. spend; 2. rent; 3. relax; 4. cook; 5. play; 6. 're going / are going; 7. 're driving / are driving; 8. 're staying / are staying; 9. 'm not complaining / am not complaining

Übung 18

J	Z	O	P	L	O	O	K	I	N	G	B	O	O	S
U	U	E	J	I	D	U	K	Y	E	A	E	P	K	J
L	Q	K	O	L	J	X	F	E	E	D	I	N	G	P
J	I	L	U	E	A	L	G		D	P	N	W	S	K
W	P	V	L	A	W	O	R	K	I	N	G	P	U	U
R	U	J	I	R	E	A	D	I	N	G	H	A	Y	T
I	P	U	S	N	D	P	R	R	G	U	G	J	J	T
T	D	Q	T	I	G	U	I	J	I	O	I	J	N	W
I	A	J	E	N	B	H	N	P	D	V	V	L	M	A
N	N	K	N	G	M	A	K	I	N	G	I	D	E	U
G	C	J	I	J	N	V	I	L	Z	A	N	N	P	J
U	I	U	N	N	M	I	N	J	J	E	G	Q	G	Q
J	N	O	G	L	G	N	G	Z	Q	F	O	J	L	K
Z	G	L	X	U	Z	G	S	P	E	A	K	I	N	G
L	E	A	V	I	N	G	H	N	O	E	J	C	H	E

Übung 19
1. We're watering the garden.
2. He's reading a book.
3. He's driving a car.
4. She's sitting in an armchair.
5. We're making dinner.

Test 4

Übung 1
a. 3; b. 7; c. 1; d. 8; e. 5; f. 2; g. 6; h. 4

Übung 2
1. 're playing / are playing; 2. 's sleeping / is sleeping; 3. 's walking / is walking; 4. 's making / is making / 's preparing / is preparing

Übung 3
1. She isn't going there. 2. I'm not leaving. 3. Are you working? 4. Is she coming?

Übung 4
1. Yes, he is. 2. No, she doesn't. 3. Yes, I am. 4. No, they're not.

Übung 5
1. read; 2. 'm driving / am driving; 3. prepares; 4. 's preparing / is preparing; 5. leave; 6. eat

5

Übung 1
1. c; 2. d; 3. a; 4. e; 5. b

Übung 4
1. richtig; 2. falsch; 3. richtig; 4. richtig

Übung 6
1. 'll leave / will leave; 2. 'll arrive / will arrive; 3. won't take / will not take; 4. 'll be / will be / 'll take / will take; 5. 'll have / will have; 6. 'll need / will need; 7. 'll want / will want

Übung 8
1. Will they come here tomorrow?
2. Won't Ben take his driving test?
3. Will you phone him later?
4. Won't he bring the cake?
5. Will you find the way?
6. Will Jane go to university?

Übung 9
1. a, b; 2. b; 3. a; 4. a; b

Übung 11

1. I'll be back early if there isn't so much traffic.
2. Paul will set up the barbecue if Kate prepares the steaks.
3. They will phone us if they can't find the way.

Übung 12

1. it rains; 2. she works hard; 3. I'll go home early; 4. he will be very happy

Übung 14

1. wf; 2. pc; 3. pc; 4. wf; 5. pc; 6. wf

Übung 15

1. are having; 2. 'm going; 3. 'll phone; 4. will study

Übung 16

1. will rain / 'll rain; 2. 'm going / am going; 3. 'll phone / will phone; 4. 're having / are having; 5. isn't coming. / is not coming; 6. 'll be / will be; 7. 'll do / will do; 8. 's driving / is driving

Übung 17

1. Ben will go to college next year.
2. Jane will not learn French any more.
3. I'll set up the barbecue.
4. I won't put garlic in the salad.

Übung 18

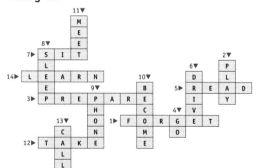

Test 5

Übung 1

1. will go; 2. will go; 3. won't become; 4. will learn; 5. won't work; 6. 'll come; 7. will finish; 8. 'll study

Übung 2

1. 'll leave / will leave; 2. 'll arrive / will arrive; 3. 'll be / will be; 4. 'll have / will have; 5. 'll need / will need; 6. 'll want / will want

Übung 3

1. Yes, they will. 2. No, it won't. 3. Yes, I will. 4. No, she won't. 5. Yes, I will

Übung 4

1. c; 2. a; 3. a; 4. a

Übung 5

1. Kate isn't coming to the cinema.
2. I think I 'll finish my homework now.
3. I hope it won't rain tonight.
4. Maybe Paul will phone us later.
5. Next year, Ben will take his driving test.

6

Übung 1

1. a; 2. e; 3. b; 4. d; 5. c

Übung 2

1. d; 2. a; 3. f; 4. e; 5. b; 6. c

Übung 6

1. wrote	5. drank
2. drove	6. spoke
3. bought	7. knew
4. thought	8. met

Übung 7

1. was; 2. was; 3. had; 4. went; 5. walked; 6. took; 7. drove; 8. bought; 9. learned; 10. asked; 11. read; 12. sat; 13. thought; 14. knew

Module 6 bis 7

Übung 9
1. made; 2. spoke; 3. bought; 4. learned

Übung 10
1. met; 2. sat; 3. bought; 4. left

Übung 12
1. a; 2. b; 3. c; 4. b

Übung 15
1. wasn't; 2. Were; 3. was; 4. were

Übung 16
1. I didn't go to school. / I did not go to school.
2. I bought cakes.
3. I was happy.
4. I wasn't fat. / I was not fat.
5. You were ready.
6. You weren't angry. / You were not angry.
7. Paul was at work.
8. Louise was tired.

Übung 17
1. didn't listen; 2. were; 3. was; 4. Did you make;
5. worked; 6. didn't drive; weren't; 8. wasn't

Übung 18
1. didn't have / did not have; 2. didn't go / did
not go; 3. stayed / were; 4. were; 5. weren't /
were not; 6. ate; 7. walked; 8. lived; 9. thought;
10. was; 11. didn't work / did not work; 12. worked; 13. were

Übung 19
1. drove; 2. watched (TV); 3. cycled; 4. walked;
5. played (football); 6. read; 7. ate; 8. drank; 9.
listened (to music); 10. cooked; 11. played (the
piano); 12. washed (the car); 13. slept; 14. sat;
15. cleaned (the room); 16. studied; 17. played
(tennis); 18. played (chess); 19. swam; 20. took
(the bus); 21. wrote; 22. shopped; 23. sang; 24.
played (golf)

Test 6

Übung 1
1. wrote; 2. drove; 3. drank; 4. swam; 5. slept;
6. sang

Übung 2
1. didn't go; 2. didn't study; 3. know; 4. played;
5. didn't go

Übung 3
1. cycled; 2. ate; 3. slept; 4. watched

Übung 4
1. was; 2. were; 3. wasn't / was not; 4. weren't /
were not

Übung 5
1. Yes, he did. / No, he didn't. / No, he did not.
2. Yes, I did. / No, I didn't. / No, I did not.
3. Yes, I was. / No, I wasn't. / No, I was not.
4. Yes, he was. / No, he wasn't. / No, he was not.

7

Übung 1
1. c; 2. d; 3. a; 4. e; 5. b

Übung 2
1. d; 2. h; 3. a; 4. b; 5. f; 6. c; 7. e; 8. g

Übung 6
1. bigger; 2. cheaper; 3. highest; 4. oldest

Übung 7
1. a. Mehrsilbige Adjektive bilden den Komparativ
mit **more** + Grundform.
2. c. Den Superlativ bilden mehrsilbige Adjektive
mit **most** + Grundform.

Übung 8
Gruppe 1: -er / -est
big, heavy, clever, quiet, hot, slow

Gruppe 2: more / most
expensive, interesting, boring, exciting, tired, frustrating

Übung 10
1. old; 2. better; 3. young; 4. worse; 5. slower; 6. true; 7. more; 8. less; 9. nicer; 10. happier; 11. more expensive; 12. more exciting; 13. easier

Übung 12
1. than; 2. not as ... as; 3. as ... as; 4. than

Übung 15
1. badly; 2. happily; 3. fast; 4. well; 5. hard

Übung 16
1. badly; 2. well; 3. heavy; 4. happy

Übung 17

C	L	E	A	N	B	K	L	S	S
E	X	P	E	N	S	I	V	E	H
K	Y	A	Y	O	U	N	G	T	O
J	P	F	L	I	T	T	L	E	R
W	M	A	N	I	C	E	S	R	T
L	A	R	G	E	K	R	B	L	P
O	S	M	O	C	H	E	A	P	E
N	L	M	U	C	H	S	D	P	H
G	O	Q	U	I	E	T	P	S	D
U	W	L	E	Q	U	I	C	K	O
P	K	W	M	E	D	N	R	L	L
T	I	D	Y	U	W	G	O	O	D

Übung 18
1. longer; 2. quickly; 3. slower; 4. short; 5. slow; 6. happy; 7. longer; 8. young; 9. good; 10. well; 11. brown; 12. black; 13. worst; 14. more; 15. less

Test 7

Übung 1
1. richtig; 2. falsch; 3. richtig; 4. richtig; 5. falsch

Übung 2
1. This house is very big.
2. The garden is larger than the house. / The house is larger than the garden.
3. The woman is happy.
4. The book is not as heavy as the bag. / The bag is not as heavy as the book.
5. The T-shirt is as bright as the trousers.

Übung 3
1. more expensive; 2. big; 3. healthier; 4. tall

Übung 4
1. b; 2. a; 3. c; 4. a

Übung 5
1. well; 2. fast; 3. beautifully; 4. hard

Übung 6
1. worst; 2. biggest; 3. best; 4. least

8

Übung 1
1. d; 2. b; 3. c; 4. a

Übung 2
1. d; 2. e; 3. b; 4. a; 5. c

Übung 4
1. vineyards; 2. wine; 3. suntan lotion; 4. the neighbours

Übung 7
1. have to; 2. don't have to; 3. have to; 4. didn't have to; 5. do we have to; 6. has to; 7. 'll have to

Übung 9
1. should; 2. shouldn't; 3. should

Module 8 bis 9

Übung 12
1. could / was able to; 2. couldn't / could not / wasn't able to / was not able to; 3. can / am able to / 'm able to; 4. can't / cannot / 'm not able to / am not able to; 5. could / was able to; 6. can't / cannot / 'm not able to / am not able to; 7. 'll be able to / will be able to; 8. 'll be able to / will be able to

Übung 14
1. I can't go. 2. He doesn't have to go. 3. She can't see us. 4. I mustn't work. 5. They might play. 6. They might play.

Übung 16
1. b; 2. e; 3. c; 4. a; 5. f; 6. d

Übung 17
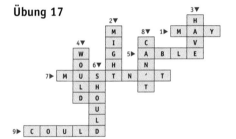

Übung 18
1. They'll be able to relax on the beach.
2. They may buy some wine.
3. They could go sailing.
4. Sailing would be fantastic.
5. They should take suntan lotion.
6. They should take books.
7. Jane will have to speak French.
8. They mustn't forget the cat.
9. They don't have to buy many things in England.
10. They'll be able to buy a lot in France.

Test 8

Übung 1
1. mustn't / must not; 2. mustn't / must not; 3. have to; 4. mustn't / mustn't

Übung 2
1. had to; 2. must / have to; 3. have to; 4. have to / must

Übung 3
1. mustn't; 2. doesn't have to; 3. mustn't; 4. don't have to

Übung 4
1. I can swim. / I'm able to swim. 2. I can't dance. / I cannot dance. / I'm not able to dance. 3. I can't drive. / I cannot drive. / I'm not able to drive. 4. I can read. / I am able to read.

Übung 5
1. would; 2. might; 3. should; 4. could

Übung 6
1. Don't let me forget to feed the cat!
2. Don't stay out too late!
3. Tell him I called!
4. Go and buy some milk!
5. Let's have a party next Saturday!
6. Let's play tennis together tomorrow!

9

Übung 1
1. e; 2. h; 3. a; 4. g; 5. c; 6. b; 7. f; 8. d

Übung 2
1. b; 2. d; 3. a; 4. c

Übung 5
Gruppe 1: nicht zählbar
water, cheese, money, advice, information, wine

Gruppe 2: zählbar
apple, glass, dog, euro, child, towel

Übung 7
Gruppe 1: much
wine, advice, butter, time, money, information

Gruppe 2: many
bottle, computer, flower, house, car, apple

Übung 8
1. much; 2. many; 3. much; 4. many

Übung 10
1. a; 2. b; 3. b; 4. b

Übung 11
1. There are few apples.
2. There is little milk. / There's little milk.
3. I have little time.
4. He has few friends.

Übung 13
1. some; 2. some; 3. any; 4. some; 5. any; 6. any

Übung 15
1. everybody; 2. somewhere; 3. anybody; 4. something; 5. everywhere

Übung 16
1. few; 2. little; 3. much / a lot / any; 4. any / many; 5. some / a few / many; 6. many / a lot of / some / a few; 7. many / a lot of / any; 8. a lot of / much; 9. much / a lot of / any; 10. some / many / a lot of / few

Übung 17
1. nobody; 2. nowhere; 3. nothing; 4. many people / a lot of people; 5. every family; 6. a lot of time / much time; 7. every teacher; 8. not any dishes; 9. anywhere; 10. any time

Übung 18

K	M	U	C	H	Z	K	X	H	G	L	P
P	X	A	P	A	K	P	Z	X	P	I	X
F	P	P	N	N	N	N	K	H	P	T	K
E	V	E	R	Y	B	O	D	Y	E	T	W
W	P	U	P	W	S	B	T	A	X	L	T
P	U	X	C	H	P	O	P	H	Q	E	P
Q	K	X	M	E	X	D	M	B	I	W	K
Q	A	Z	E	R	K	Y	X	E	K	N	K
Z	A	K	L	E	S	S	O	P	P	T	G

Test 9

Übung 1
1. much / a lot of; 2. many / a lot of; 3. much / a lot of; 4. many / a lot of

Übung 2
1. few; 2. little; 3. few; 4. little

Übung 3
1. nowhere; 2. not anybody; 3. no one; 4. few things; 5. nowhere

Übung 4
1. b; 2. a; 3. c; 4. c

Übung 5
1. I do not have any time.
2. Nobody knows him very well.
3. They did not have much money.
4. They had few problems.
5. They did not have many problems.

10

Übung 1
1. d; 2. b; 3. f; 4. c; 5. a; 6. e

Übung 2
1. b; 2. e; 3. a; 4. d; 5. c

Übung 7
1. -; 2. at; 3. by / -; 4. in; 5. At; 6. -; 7. in; 8. At; 9. -; 10. on

Übung 9
1. in; 2. ago; 3. for; 4. ago; 5. in; 6. for; 7. ago; 8. in

Übung 11
1. on; 2. above; 3. under; 4. next to; 5. between

Übung 12
1. above / over; 2. opposite / in front of; 3. next to / by; 4. on

Module 10 bis 11

Übung 13
Through und **back to** beschreiben eine Bewegungsrichtung.

Übung 14
1. up; 2. past; 3. round; 4. across; 5. off

Übung 15
1. down; 2. along; 3. around / round; 4. towards / to; 5. through; 6. out of; 7. to; 8. past; 9. into; 10. off; 11. near

Übung 16
1. for; 2. through; 3. at; 4. ago; 5. on; 6. in; 7. in front of; 8. to; 9. across; 10. along; 11. over; 12. among

Übung 17
1. along; 2. across; 3. through; 4. up

Test 10

Übung 1
1. on; 2. in; 3. in; 4. at; 5. at; 6. at; 7. in; 8. on

Übung 2
1. in / for; 2. for; 3. ago; 4. in; 5. for

Übung 3
1. between; 2. on; 3. under; 4. in front of

Übung 4
1. a; 2. c; 3. b; 4. b

Übung 5
1. next to; 2. in; 3. on; 4. under; 5. above; 6. between; 7. opposite; 8. behind

11

Übung 1
1. b; 2. e; 3. c; 4. d; 5. f; 6. a

Übung 2
1. a; 2. d; 3. e; 4. c; 5. b

Übung 4
1. These are Ben's trousers.
2. This is her air mattress.
3. Where is our air mattress?
4. Paul and Kate forget everything themselves.
5. I've got mine!
6. Kate packed it herself.

Übung 6
1. his; 2. their; 3. her; 4. our

Übung 7
1. my; 2. his; 3. your; 4. their; 5. its

Übung 9
1. our; 2. his; 3. theirs; 4. yours

Übung 10
1. This house is ours. / This is ours.
2. These shoes are mine. / These are mine.
3. This umbrella is yours. / This is yours. / This umbrella's yours.
4. These photos are theirs. / These are theirs.
5. This car is his. / This car's his. / This is his.
6. These trousers are hers. / These are hers.

Übung 12
1. This is Paul's car.
2. This is Kate's bike.
3. This is the children's tent.
4. This is the parents' bedroom.

Übung 13
1. my; 2. Mine; 3. yours; 4. 's; 5. yours; 6. 's; 7. our / my; 8. your; 9. our / my; 10. your; 11. their

Übung 15
1. myself; 2. yourself; 3. himself; 4. herself; 5. itself

Übung 16
1. yourself; 2. ourselves; 3. themselves

Übung 17
1. Yes, I made the dress myself. / Yes, I made it myself.
2. Yes, Jane did the homework herself. / Yes, she did it herself.
3. Yes, Paul and Kate did the garden themselves. / Yes, they did it themselves.
4. Yes, Louise and I made the cake ourselves. / Yes, we made it ourselves.

Übung 18
1. They bought their house five years ago.
2. I can do that myself!
3. He prepared everything himself.
4. The red car is theirs.
5. He likes his family very much.
6. He opened the door himself.
7. That bicycle is Ben's. / That is Ben's bicycle.
8. That is Paul and Kate's house. / That house is Paul and Kate's.

Übung 19

K	Z	D	P	M	W	H	M	W	K	I	O
G	P	B	H	I	S	E	Y	J	K	T	U
J	C	D	A	N	B	R	S	D	A	S	R
D	A	T	H	E	M	S	E	L	V	E	S
A	Z	H	I	M	S	E	L	F	Z	L	B
Y	O	U	R	S	E	L	F	C	A	F	G
P	B	Y	O	U	R	S	E	L	V	E	S

Test **11**

Übung 1
1. our; 2. his; 3. your; 4. their; 5. my

Übung 2
1. mine; 2. yours; 3. his; 4. hers; 5. its; 6. ours; 7. theirs

Übung 3
1. your; 2. our; 3. yours; 4. ours

Übung 4
1. Ben's bike / Ben's bicycle; 2. Louise's bag; 3.

Paul's car; 4. Kate's cat; 5. Jane's book

Übung 5
1. myself; 2. yourself; 3. yourselves; 4. themselves; 5. ourselves

12

Übung 1
1. c; 2. d; 3. a; 4. e; 5. b

Übung 2
1. g; 2. c; 3. j; 4. d; 5. f; 6. b; 7. i; 8. a; 9. e; 10. h

Übung 8
1. spoken; 2. been; 3. eaten; 4. driven; 5. told; 6. taken

Übung 10
1. seen; 2. put; 3. bought; 4. left; 5. packed; 6. read; 7. finished

Übung 12
1. for; 2. since; 3. since; 4. for; 5. for; 6. since

Übung 14
1. 've been / have been; 2. 've / have not gone / been; 3. went; 4. bought; 5. grilled; 6. was; 7. Have / have ... tried; 8. 's / has been; 9. 've spent / have spent

Übung 15
1. written; 2. drunk; 3. eaten; 4. read

Übung 16

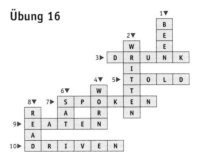

Modul 12

Test **12**

Übung 1

1. written; 2. eaten; 3. read; 4. washed / cleaned; 5. slept

Übung 2

1. We've gone shopping. / We have gone shopping.
2. She 's spoken to her friend. / She has spoken to her friend.
3. He 's driven home. / He has driven home.
4. She 's bought apples. / She has bought apples.
5. They've taken pictures. / They have taken pictures.

Übung 3

1. for; 2. since; 3. for; 4. since; 5. for

Übung 4

1. c; 2. b; 3. c; 4. b

Übung 5

1. walked; 2. have worked; 3. has lived; 4. has known; 5. bought

Grammatik Englisch

§ 1 **Wichtige Grammatikbegriffe**

Verb

Verben sind Wörter, die in einem Satz die Handlung, d. h. was getan wird, beschreiben. Beispiele dafür sind: **work**, **be**, **live**, **eat**, etc. Man unterscheidet zwischen Vollverben, Hilfsverben und modalen Hilfsverben.

Als Grundform des Verbs bezeichnet man die Form, von der die anderen Zeitformen abgeleitet werden.

Vollverb

Das Vollverb enthält die Satzaussage. Es bezeichnet, was geschieht oder in welcher Situation man sich befindet.

I'll **call** you later.
Ich werde dich später anrufen.

Hilfsverb

Hilfsverben – im Englischen sind dies **be**, **have** und **do** – werden zusammen mit einem Vollverb verwendet, um andere Zeitformen, Fragen oder Verneinungen zu bilden.

She **is** *working*.
I'**ve** never *eaten* sushi before.
Do you like cats?
I **don't** *speak* Italian.

Aber Achtung! **Be** und **have** können auch als Vollverben verwendet werden.

Modales Hilfsverb

Modale Hilfsverben werden nur als Hilfsverb benutzt. Sie können nie ohne ein Vollverb in einem Satz stehen. Sie drücken aus, dass man etwas *kann, könnte, darf, mag, wird, würde, soll, sollte, muss, musste* oder *müsste*. Die modalen Hilfsverben im Englischen sind: **can**, **could**, **may**, **might**, **will**, **would**, **shall**, **should**, **must** und **ought to**.

Substantiv

Ein Substantiv – oder Hauptwort – bezeichnet eine **Sache** oder einen **Gegenstand**. Im Gegensatz zum Deutschen werden Substantive im Englischen meist kleingeschrieben. Beispiele dafür sind **house**, **love**, **mother**, **dog**, etc.

Pronomen

Bei Pronomen – auf Deutsch *Fürwörter* – unterscheidet man mehrere Arten, je nachdem was sie ersetzen oder welche Funktion sie im Satz übernehmen.

Personalpronomen

Personalpronomen stehen anstelle einer Person oder Sache, die schon bekannt ist.
Ein einfaches Beispiel:
Tom works in a bank.
He works in a bank.
He steht im zweiten Satz anstelle von Tom, ist also ein Personalpronomen. Man unterscheidet zwischen **Subjektpronomen** und **Objektpronomen**.

Subjektpronomen treten an die Stelle des Subjekts im Satz und geben Antwort auf die Fragen: *Wer?* oder *Was?*
Susan loves John.
She loves John.

Objektpronomen treten an die Stelle des Objekts im Satz und geben Antwort auf die Frage: *Wen?*, *Wem?* oder *Was?*
We'll meet **my parents** at the station.
We'll meet **them** at the station.
Don gives **Lara** a present.
Don gives **her** a present.
My mother likes **the car**.
My mother likes **it**.

Possessivpronomen zeigen einen Besitz an und geben Antwort auf die Frage: *Wessen?*
I lost **my** keys.
She talks to **her** brother.

Adjektiv

Adjektive sind Wörter, die eine Sache oder eine Person näher beschreiben.

The car is **blue**.
He's a **funny** person.
Mary looks **tired**.

Adjektive können auch gesteigert werden:

cheap	cheaper	cheapest
billig	*billiger*	*am billigsten*

Die erste Steigerungsform (cheaper) nennt man **Komparativ**, die zweite (cheapest) **Superlativ**.

Artikel

Artikel beziehen sich immer auf ein Substantiv. Man unterscheidet zwischen dem bestimmten Artikel **the** *(der, die, das)* und dem unbestimmten Artikel **a** oder **an** *(ein, eine)*, je nachdem ob von einer ganz bestimmten Sache die Rede ist oder ob man ganz allgemein von etwas spricht.

 § 2 Adjektive

Im Gegensatz zum Deutschen bleiben Adjektive im Englischen immer unverändert.

a **red** car	*ein rotes Auto*
a **happy** boy	*ein glücklicher Junge*
a **red** apple	*ein roter Apfel*
two **happy** girls	*zwei glückliche Mädchen*

Steigerung

Bei der regelmäßigen Steigerung erhalten einsilbige Adjektive und zweisilbige Adjektive, die auf -**y** enden, im Komparativ die Endung -**er** und im Superlativ die Endung -**est**.

tall	taller	tallest
groß	*größer*	*am größten*

kind	kinder	kindest
freundlich	*freundlicher*	*am freundlichsten*

Endet ein Adjektiv auf -**e**, wird nur -**r** bzw. -**st** angehängt.

nice	nicer	nicest

Ein -**y** am Ende wird zu -**i**.

funny	funnier	funniest

Endet ein Adjektiv auf Konsonant-Vokal-Konsonant, wird der letzte Konsonant verdoppelt.

big	bigger	biggest
hot	hotter	hottest

Adjektive, die drei oder mehr Silben haben, und zweisilbige Adjektive, die auf -**y** enden, werden im Komparativ mit **more** und im Superlativ mit **most** gesteigert.

intelligent	**more** intelligent	**most** intelligent
intelligent	*intelligenter*	*am intelligentesten*

interesting	**more** interesting	**most** interesting
interessant	*interessanter*	*am interessantesten*

Folgende häufige Adjektive haben eine unregelmäßige Steigerung, die Sie sich merken sollten.

good	better	best
bad	worse	worst
much / many	more	most
far	further	furthest

 § 3 Die Artikel

Der bestimmte Artikel *the*

Anstelle von *der, die, das* gibt es im Englischen nur einen bestimmten Artikel: **the**.

the man	*der Mann*
the woman	*die Frau*
the room	*das Zimmer*

Denken Sie daran ... Die Aussprache von **the** ändert sich, je nachdem, ob das folgende Wort mit einem Konsonanten oder mit einem Vokal beginnt.

Der unbestimmte Artikel *a* oder *an*

Der unbestimmte Artikel im Englischen lautet **a** und wird nur vor Substantiven im Singular benutzt. Vor Wörtern die mit einem Vokal beginnen, wird **a** zu **an**.

a man	*ein Mann*
an artist	*eine Künstlerin*
a woman	*eine Frau*
an architect	*ein Architekt*
a room	*ein Zimmer*
an egg	*ein Ei*

Vor **h** steht **an** nur dann, wenn das **h** nicht gesprochen wird.

an hour	*eine Stunde*
an honour	*eine Ehre*

aber:

a house	*ein Haus*

Vor **u** und **eu** steht **a**, wenn diese wie in **you** gesprochen werden.

a university	*eine Universität*
a European	*ein Europäer*

Besonderheiten:

Der Gebrauch der Artikel ist mit wenigen Ausnahmen ähnlich wie im Deutschen. Folgende Unterschiede sollten Sie sich aber merken:

He's **a** doctor.
Er ist Arzt.
She plays **the** piano.
Sie spielt Klavier.
She's going to Torquay by bus.
Sie fährt mit dem Bus nach Torquay.

Es gibt einige wenige Wörter, die nie mit **a** oder **an** verwendet werden.

I need some information.
Ich brauche eine Information.
I've got some good advice for you.
Ich habe einen guten Rat für dich.

Andere Wörter werden nur im Plural, d.h. auch nie mit **a** oder **an** benutzt.

She's got new trousers.
Sie hat eine neue Hose.
He wears glasses.
Er trägt eine Brille.

§ 4 **Das Verb *be***

Das Verb **be** ist unregelmäßig. Es wird sowohl als Vollverb (**He is German.**), als auch als Hilfsverb (**He is going to London.**) verwendet.

present simple

I	**am**	*ich bin*
you	**are**	*du bist*
he / she / it	**is**	*er/sie/es ist*
we	**are**	*wir sind*
you	**are**	*ihr seid/Sie sind*
they	**are**	*sie sind*

past simple

I	**was**	*ich war*
you	**were**	*du warst*
he / she / it	**was**	*er/sie/es war*
we	**were**	*wir waren*
you	**were**	*ihr wart/Sie waren*
they	**were**	*sie waren*

Aus den Personalpronomen (**I**, **you**, **he**, etc.) und dem Verb **be** im Präsens wird sehr häufig eine verkürzte Form gebildet. Der erste Buchstabe des Verbs wird weggelassen und durch einen Apostroph ersetzt.

I'm	I'm in the Watson room.
you're	You're a taxi driver.
he's / she's / it's	She's from Germany.
we're	We're happy.
you're	You're very intelligent.
they're	They're at the beach.

Verneinung:

Die Verneinung **not** wird dem Verb nachgestellt.
   I'm **not** a taxi driver.
Hierbei ist zu beachten, dass es zwei Formen der Verkürzung gibt:

He**'s not** German.	oder	He **isn't** German.
You**'re not** Italian.	oder	You **aren't** Italian.
They**'re not** tired.	oder	They **aren't** tired.
We**'re not** Scottish.	oder	We **aren't** Scottish.

Im **past simple** gibt es nur eine Form der Verkürzung:

   I **wasn't** at home.
   They **weren't** hungry.

§ 5   Datum und Uhrzeit

Uhrzeit

Im Englischen gibt es verschiedene Möglichkeiten, die Uhrzeit anzugeben.

Da die 24-Stunden-Uhr in englischsprachigen Ländern nur sehr selten gebraucht wird, benutzt man für offizielle Zeitangaben (Fahrpläne, Öffnungszeiten, etc.) die Bezeichnungen **a.m.** (für vormittags) und **p.m.** (für nachmittags/abends).
   The shops are open from **9 a.m.** till **7 p.m.**
Zeitangaben, die keine volle Stunde bezeichnen, werden gesprochen wie die Anzeige auf einer Digitaluhr:

7.30 p.m. (gesprochen:
                    seven thirty in the evening)
12.20 a.m. (gesprochen:
                    twelve twenty in the morning)

Umgangssprachlich ist es jedoch üblicher, die Zeit mit **past** *(nach)*, **to** *(vor)*, **half** *(halb)* und **quarter** *(viertel)* anzugeben.

ten to eleven	*zehn vor elf*
five past nine	*fünf nach neun*
quarter to ten	*viertel vor zehn*
half past six	*halb sieben*

Denken Sie daran ... Das Wort **half** (meistens gefolgt von **past**) bedeutet im Englischen immer halb *nach* der Stunde. **Half past nine** heißt also **nicht** *halb neun*, sondern *halb zehn* (halb nach neun).

Datum

Um das Datum anzugeben, gibt es zwei Varianten.
on January 25th   (gesprochen:
                                    on January the 25th)
on the 25th of January (gesprochen:
                                    on the 25th of January)

Jahreszahlen

Die Jahreszahlen bis 1999 werden als zwei Zahlen gesprochen:
   nineteen forty-five   – 1945
   eighteen seventy-six – 1876

Manchmal wird auch **hundred and** eingefügt:
   seventeen **hundred and** thirty-one – 1731

Jahreszahlen vor der ersten Jahrtausendwende werden immer mit **hundred and** gesprochen:
   eight **hundred and** seventy-two – 872

Steht an der dritten Stelle der Jahreszahl eine null, sagt man dafür **oh**:
   nineteen **oh** seven – 1907

Für die Jahreszahlen ab 2000 benutzt man **thousand and**:
   two thousand and two – 2002

In einem Satz steht vor einer Zeitangabe mit Jahreszahl das Wort **in**.
   He was born **in** 1975.
   I met my husband **in** 1998.

 § 6   Das Bilden von Fragen

Fragesätze

Fragen, auf die man mit ja oder nein antworten kann, werden im Englischen immer durch ein **Hilfsverb** (**be**, **do**, **have**) oder **modales Hilfsverb** (z. B. **can**, **will**) eingeleitet. Sie werden gebildet, indem man Subjekt und Verb vertauscht.
   It **is** fully booked.
   Is *it* fully booked?
   I **can** offer you a double room.
   Can *I* offer you a double room?
   They **are** very elegant.
   Are *they* very elegant?
   ▼

Enthält ein Satz nur ein **Vollverb**, benötigt man eine Form von **do**, um eine Frage bilden zu können. Hierbei passt sich **do** dem Subjekt an und das Vollverb bleibt immer in der Grundform.

> Stefanie *likes* American food.
> **Does** Stefanie *like* American food?
> They *live* in Glasgow.
> **Do** they *live* in Glasgow?
> He *speaks* Italian.
> **Does** he *speak* Italian?

Denken Sie daran ... Mit Vollverben alleine kann man im Englischen keine Frage bilden!

Fragen mit Fragewörtern

Im Englischen gibt es folgende Fragewörter:

Where?	*Wo/Wohin?*	**Where** are you from?
When?	*Wann?*	**When** did he leave?
What?	*Was?*	**What**'s your name?
Who?	*Wer?*	**Who** called the police?
How?	*Wie?*	**How** old are you?
Which?	*Welche/r/s?*	**Which** book did you buy?
Whose?	*Wessen?*	**Whose** car are you driving?
Why?	*Warum?*	**Why** didn't you tell me?

Das Fragewort steht in direkten Fragen immer am Anfang der Frage.

Indirekte Fragen

Im Englischen werden Fragen oft nicht direkt durch das Fragewort eingeleitet, sondern um freundlicher zu klingen, beginnt man die Frage mit einer Floskel.

> **Can you tell me** when the museum is open?
> **Do you know** where Mary is?

In einer indirekten Frage steht das Fragewort ohne Komma direkt nach der Floskel. Anders als bei direkten Fragen werden Subjekt und Objekt nicht vertauscht, sondern das Verb folgt dem Subjekt.

> Where **is John**?
> Can you tell me where **John is**?

§ 7 Das Verb *have / have got*

Das Verb **have** ist unregelmäßig. Es wird sowohl als Vollverb (He **has** a car.), als auch als Hilfsverb (Where **have** you been?) verwendet.

present simple:

I	**have**	*ich habe*
you	**have**	*du hast*
he / she / it	**has**	*er/sie/es hat*
we	**have**	*wir haben*
you	**have**	*ihr habt/Sie haben*
they	**have**	*sie haben*

Im britischen Englisch wird **have** oft mit **got** ergänzt. Es verhält sich dann wie ein Vollverb, wobei **got** immer unverändert bleibt.

> She **has got** a brother.
> They **have got** a sister.
> **Have** you **got** a dog?

Aus den Personalpronomen und **have got** wird sehr häufig eine verkürzte Form gebildet.

I **have got**	I**'ve got**
you **have got**	you**'ve got**
he / she / it **has got**	he**'s** / she**'s** / it**'s got**
we **have got**	we**'ve got**
they **have got**	they**'ve got**

Im amerikanischen Englisch wird **got** meistens weggelassen.

> She **has** a brother.
> They **have** a sister.

Fragen und Verneinung

Wird **have** als Vollverb benutzt, braucht man zur Bildung von Fragen und Verneinung das Hilfsverb **do**.

> **Do** you **have** a brother?
> **Does** she **have** a computer?
> We **don't have** any drinks.
> He **doesn't have** much money.

Have muss hierbei immer in der Grundform stehen und nur **do** wird entsprechend der Person angepasst.

Mit **have got** bildet man Fragen, indem man Hilfsverb (**have**) und Subjekt vertauscht.

> *You* **have** got a nice sister.
> **Have** *you* got a nice sister?

Bildet man negative Sätze mit **have got**, steht die Verneinung **not** nach **have**. **Have** und **not** werden dabei häufig zu einer Form verkürzt.

I	**haven't got**
you	**haven't got**
he / she / it	**hasn't got**
we	**haven't got**
you	**haven't got**
they	**haven't got**

§ 8 Der Bedingungssatz mit *if*

Um eine einfache Bedingung auszudrücken, verwendet man im Englischen die sogenannten **if-Sätze**.

If-Sätze bezeichnet man als Nebensätze, da sie meist in Verbindung mit einem Hauptsatz stehen. Der Hauptsatz stellt hierbei die Folge der Bedingung dar.

In Bedingungssätzen, bei denen die Folge mit großer Wahrscheinlichkeit eintreten wird, steht der **Hauptsatz** im **will future** und der **if-Satz** im **present simple**.

Folge	Bedingung
I**'ll buy** some milk	**if** the shops **are** open.
Ich werde Milch kaufen,	*wenn die Läden offen haben.*
John **will talk** to him	**if** he **sees** him.
John wird mit ihm reden,	*falls er ihn sieht.*
We **won't come**	**if** the weather **is** bad.
Wir werden nicht kommen,	*wenn das Wetter schlecht ist.*

Ein **if-Satz** kann ohne Bedeutungsunterschied vor oder hinter dem Hauptsatz stehen.

> She**'ll be** angry **if** you don't **call** her.
> *Sie wird böse sein, wenn du sie nicht anrufst.*
> **If** you don't **call** her, she'll be angry.
> *Wenn Du sie nicht anrufst, wird Sie böse sein.*

Denken Sie daran ... Im Englischen steht nur dann ein Komma, wenn der Satz mit dem Nebensatz (**if-Satz**) beginnt.

Steht der Hauptsatz am Anfang des Satzes, wird kein Komma gesetzt.

§ 9 Der Imperativ

Die Befehlsform, der so genannte Imperativ, entspricht im Englischen immer der Grundform eines Verbs.

Verneint wird der Imperativ mit **don't**.

> **Get up!**   *Steh auf!*
> **Don't laugh!**   *Lach nicht!*

Um einen Befehl, eine Aufforderung oder eine Anweisung etwas freundlicher klingen zu lassen, wird oft ein **please** vorangestellt.

> **Please** help me.
> **Please** don't smoke.

Mit dem Imperativ werden auch gute Wünsche oder Aufforderungen ausgedrückt.

> **Have** a nice day!
> *Einen schönen Tag!*
> **Fasten** your seat belts, please.
> *Schnallen Sie sich bitte an.*
> **Don't be** angry.
> *Sei nicht böse.*

§ 10 Kurzantworten

Gibt man nur eine kurze Antwort auf eine Frage, wird das Hilfsverb, mit dem die Frage gestellt wurde, wieder aufgenommen und eventuell verneint.

present simple

Can you help me?	No, I **can't**.
Are you fully booked?	Yes, we **are**.
Is she on the phone?	No, she **isn't**.
Do they live in Italy?	Yes, they **do**.
Does he speak English?	No, he **doesn't**.

▼

present continuous

Are you watching television?	Yes, I **am**.
Are they playing tennis?	No, they **aren't**.
Is she taking a shower?	No, she **isn't**.

will future

Will you buy me a drink?	No, I **won't**.
Will she call you tonight?	Yes, she **will**.

past simple

Did you buy me a present?	No, I **didn't**.
Did she read the book?	Yes, she **did**.

present perfect

Have you ever been to Ireland?	Yes, I **have**.
Has he called you yet?	No, he **hasn't**.

§ 11   Mengenangaben

Much, many und **a lot of**
Im Englischen gibt es drei Möglichkeiten *viel*, bzw. *viele*, zu sagen.

Much steht in Fragen und Verneinungen vor einem Substantiv in der Einzahl.
> How **much** milk do we have?
> I don't have **much** money.

Many steht vorwiegend in Fragen und Verneinungen vor einem Substantiv in der Mehrzahl.
> How **many** brothers do you have?
> There aren't **many** guests this weekend.

A lot of kann sowohl in Fragen, als auch in positiven und negativen Aussagesätzen stehen.
> Do you have **a lot of** money?
> We have **a lot of** rooms free.
> There aren't **a lot of** guests this weekend.

A few und **a bit of**
Im Deutschen wird **a few** meist mit *ein paar* und **a bit of** mit *ein bisschen* übersetzt.

A few verwendet man vor einem Substantiv in der Mehrzahl.
> I'd like to buy **a few** presents.

A bit of steht vor Substantiven in der Einzahl.
> Would you like **a bit of** sugar?

Some und **any**
Im Englischen gibt man eine unbestimmte Menge mit **some** oder **any** an. Im Deutschen werden **some** und **any** meist gar nicht übersetzt.

In positiven Aussagesätzen wird **some** verwendet.
> I bought **some** presents.
> We drank **some** German beer.

In negativen Sätzen benutzt man **not ... any**. Man übersetzt es mit *keiner/e/es*.
> We do**n't** have **any** rooms free.
> There is**n't any** orange juice.
> I did**n't** send **any** e-mails yesterday.

In Fragen verwendet man **any**.
> Did you buy **any** vegetables?
> Is there **any** milk?
> Did Mary ask **any** questions?

§ 12   Modale Hilfsverben

can/could

Wie im Deutschen kann man mit dem modalen Hilfsverb **can** eine *Möglichkeit*, eine *Fähigkeit*, eine *Erlaubnis* oder auch eine Bitte zum Ausdruck bringen.

I **can** offer you coffee and tea.	*Möglichkeit*
Can you speak English?	*Fähigkeit*
You **can** watch TV now if you want.	*Erlaubnis*
Can you help me?	*Bitte*

Can bleibt für alle Personen gleich, d. h. im **present simple** gibt es nur eine Form.

Verneinung:
Die Verneinung von **can** lautet **cannot** oder verkürzt **can't**.
> I **can't** (**cannot**) speak German.

Denken Sie daran ... **cannot** wird immer zusammengeschrieben!

▼

Möchte man sich höflich ausdrücken, wird anstelle von **can** auch die Form **could** benutzt. Auch diese Form ist unveränderlich.

Could I have a bottle of wine, please?
höfliche Bitte

Fragen:
Fragen werden gebildet, indem man das **modale Hilfsverb** und das **Subjekt** vertauscht. Das Vollverb steht dabei immer in der Grundform.

They **can** speak German.
Can *they* speak German?
She **can** play the guitar.
Can *she* play the guitar?
He **couldn't** find the hotel.
Couldn't *he* find the hotel?

 § 13 *Have to* und *must*

Have to

Have to bedeutet ganz allgemein *müssen*. Es drückt eine Notwendigkeit aus, deren Ursache eine Vorschrift, Verpflichtung, Autorität oder auch die Umstände sein können.

He **has to** be at work at 8 a.m.
Er muss um 8 Uhr bei der Arbeit sein.
The doctor says you **have to** stay in bed.
Der Arzt sagt, du musst im Bett bleiben.
Did you **have to** wait long?
Musstest du lange warten?

Verneint wird **have to** mit **don't/doesn't** und heißt dann *nicht müssen*.

You **don't have to** buy me a present.
Du musst kein Geschenk kaufen.
She **doesn't have to** go to the doctor.
Sie muss nicht zum Arzt gehen.

Must

Must bedeutet ebenfalls *müssen*, drückt aber eine innere Verpflichtung oder ein Bedürfnis aus.

I **must** call my sister.
Ich muss meine Schwester anrufen.

Es wird auch dann benutzt, wenn etwas als wahrscheinlich angenommen wird.

You **must** be tired.
Du musst müde sein.

Must ist unveränderlich und wird nur im Präsens verwendet. Vorsicht! Verneint wird **must** mit **don't/doesn't have to**, da **mustn't** eine andere Bedeutung bekommt.

Mustn't (must not)

Mustn't heißt auf Deutsch *nicht dürfen*. Es wird dann verwendet, wenn etwas verboten oder nicht akzeptiert ist.

You **mustn't** smoke in the office.
Man darf im Büro nicht rauchen.

§ 14 Das *past simple*

Bildung:
Das **past simple** (einfache Vergangenheit) entspricht der 2. Form des Verbs und ist unveränderlich, d. h. die Form bleibt für alle Personen gleich.
Bei regelmäßigen Verben wird die **past simple**-Form gebildet, indem man **-ed** an die Grundform der Verben anhängt. Endet ein Verb bereits auf **-e**, wird nur **-d** angehängt.

walk	walk**ed**
clean	clean**ed**
phone	phon**ed**

Verneinung:
Verneinungen bildet man mit **didn't** und der Grundform des Vollverbs.

They **didn't go** to the cinema.
She **didn't tell** him what happened.

Fragen:
Fragen werden mit **did** bzw. **didn't** und der Grundform des Vollverbs gebildet.

What **did** you tell her?
Didn't he buy a new car?

▼

Kurzantworten:

In Kurzantworten wird das **did** der Frage wiederholt und eventuell verneint.

> **Did** he go to the theatre?
> Yes, he **did**./No, he **didn't**.
> **Did** they have a nice weekend?
> Yes, they **did**./No, they **didn't**.

Verwendung:

Das **past simple** wird benutzt, um über abgeschlossene Vorgänge oder Ereignisse in der
Vergangenheit zu reden. Es wird oft von Zeitangaben begleitet, die sich auf die Vergangenheit
beziehen (z. B. **yesterday**, **last week**, **a year ago**,
in 1965).

> I **saw** him **yesterday**.
> He **met** his wife in **1987**.
> We **didn't work** in the office **last week**.

§ 15   Der Plural

Um den Plural (Mehrzahl) eines Substantivs zu
bilden, wird ein **-s** an die Singularform (Einzahl)
angehängt.

one taxi	three taxi**s**
one guest	ten guest**s**
a hotel	two hotel**s**

Besonderheiten:

Bei Wörtern, die auf einen Zischlaut wie **-s**, **-ss**,
-sh, **-ch**, **-x** oder **-z** enden, wird im Plural ein **-es**
als Endung angehängt.

wish	wish**es**
bus	bus**es**
glass	glass**es**
church	church**es**
fax	fax**es**

Bei Wörtern, die auf einen Konsonant + **-y** enden,
wird das **-y** im Plural zu **-ies**.

story	stor**ies**
baby	bab**ies**

Endet das Wort jedoch auf einen Vokal + **-y**, wird
nur ein **-s** angehängt.

day	day**s**
boy	boy**s**

Bei Wörtern, die auf **-f** oder **-fe** enden, ändert
sich das **f** zu **v**. Die Pluralendung lautet dann
-ves.

kni**f**e	kni**ves**
wi**f**e	wi**ves**

Einige häufig gebrauchte Wörter haben eine unregelmäßige Pluralform.

wom**a**n	wom**e**n
man	m**e**n
t**oo**th	t**ee**th
f**oo**t	f**ee**t
child	child**ren**

§ 16   Präpositionen

Wie auch im Deutschen können englische Präpositionen (Verhältniswörter) unterschiedliche
Bedeutungen haben, je nachdem in welchem
Zusammenhang sie benutzt werden. Es gibt keine
festen Regeln für die Verwendung von Präpositionen, daher sollten sie nach und nach in Verbindung mit den entsprechenden Ausdrücken gelernt
werden.

Hier eine Liste der Präpositionen und Anwendun-
gen, die Sie in diesem Kurs finden.

about

about forty	*ungefähr vierzig*
information about	*Informationen über*
Does he know about this?	*Weiß er davon?*

by

a novel by	*ein Roman von*
go by bus	*mit dem Bus fahren*
pay by credit card	*mit Kreditkarte zahlen*

for

for me	*für mich*
go for a drink	*etwas trinken gehen*

▼

from

a present from — *ein Geschenk <u>von</u>*

with

Come with me. — *Komm <u>mit</u> mir.*

of

a cup of tea — *eine Tasse Tee*
kind of you — *nett <u>von</u> dir*

Präpositionen der Zeit

after

after lunch — *<u>nach</u> dem Mittagessen*

ago

two weeks ago — *<u>vor</u> zwei Wochen*

at

at two o'clock — *<u>um</u> 2 Uhr*
at Christmas — *<u>an</u> Weihnachten*
at the weekend — *<u>am</u> Wochenende*
at the moment — *<u>im</u> Moment*

before

before we go — *<u>bevor</u> wir gehen*
before lunch — *<u>vor</u> dem Essen*

for

for an hour — *eine Stunde <u>lang</u>*
for two years — *<u>seit</u> zwei Jahren*

from

It's open from 2 o'clock. — *Es ist <u>ab</u> 2 Uhr geöffnet.*

in

in the evening — *abends*
in 1975 — *1975*
in half an hour — *<u>in</u> einer halben Stunde*

till

till 8 p.m. — *<u>bis</u> 8 Uhr*

on

on Mondays — *montags*
on the 18th of May — *<u>am</u> 18. Mai*

to

a quarter to seven — *viertel <u>vor</u> 7*

past

half past nine — *halb zehn*

since

since 1966 — *<u>seit</u> 1966*

Präpositionen des Ortes

at

at the station — *<u>am</u> Bahnhof*
at home — *<u>zu</u> Hause*
at work — *<u>bei</u> der Arbeit*
at school — *<u>in</u> der Schule*
at the top — *oben*

from

I'm from Italy. — *Ich bin <u>aus</u> Italien.*

by

by the river — *<u>am</u> Fluss*

in

in the pub — *<u>in</u> der Kneipe*
She's in. — *Sie ist <u>zu Hause</u>/<u>da</u>.*

near

near the supermarket — *<u>in der Nähe</u> des Supermarkts*

on

on your right — *<u>auf</u> der rechten Seite*
on the 2nd floor — *<u>im</u> 2. Stock*

out

He's out. — *Er ist <u>nicht da</u>.*
go out — *<u>ausgehen</u>*

to

welcome to — *willkommen <u>in</u>/<u>im</u>*

Präpositionen der Richtung

back

let's go **back** — *<u>zurück</u>*

down

go down the street — *die Straße <u>hinunter-gehen</u>*

up

go up the escalator — *die Rolltreppe <u>hinauf-gehen</u>*

through

through the town — *<u>durch</u> die Stadt*

▼

one hundred and forty-nine |

to

to London	_nach_ London
to the harbour	_zum_ Hafen
to the museum	_ins_ Museum

 § 17 Das _present continuous_

Bildung:

Das **present continuous** (die Verlaufsform) wird aus der **present simple-Form von be** und der so genannten **ing-Form des Vollverbs** gebildet. Die ing-Form erhält man, indem man **-ing** an die Grundform des entsprechenden Verbs anhängt. Bei Verben die auf **-e** enden, fällt das **-e** weg (come – coming).

I	**am**	walk**ing**
you	**are**	walk**ing**
he / she / it	**is**	walk**ing**
we	**are**	walk**ing**
you	**are**	walk**ing**
they	**are**	walk**ing**

Verneinung:

Die Verneinung wird mit **not** gebildet. **Not** steht immer direkt hinter der Form von **be**. **Are not** und **is not** können zu **aren't** und **isn't** abgekürzt werden. I**'m not** talking to you.

	He **isn't** listening.
oder	He**'s not** listening.

	They **aren't** staying at the hotel.
oder	They**'re not** staying at the hotel.

Fragen:

Fragen werden gebildet, indem man das Subjekt und die Form von **be** vertauscht.

Are you watching TV?
What **is she** doing?

Kurzantworten:

In Kurzantworten wird das Hilfsverb wieder aufgenommen und eventuell verneint.

Are you reading the newspaper?
Yes, I **am**. / No, I**'m not**.

Is he playing in the garden?
Yes, he **is**. / No, he **isn't**.
Are they listening to the radio?
Yes, they **are**. / No, they **aren't**.

Verwendung:

Das **present continuous** wird benutzt, wenn man über Handlungen redet, die im Augenblick ablaufen;

They**'re cleaning** the house.
She**'s taking** a shower.

wenn man Aussagen macht, die nur momentan oder vorübergehend zutreffen;

I**'m looking** for a new house.
My feet **are killing** me.

wenn man über feste Pläne oder Termine in der Zukunft redet;

I**'m going** to London next week.
Are you **coming** to the party tonight?

oder wenn man von aktuellen Prozessen, Entwicklungen oder Trends spricht.

Our shares **are falling**.
People **are buying** smaller cars.

Present simple oder **present continuous**?

Im Englischen gibt es zwei Formen, um über die Gegenwart zu sprechen: das **present simple** und das **present continuous**.

Das **present simple** wird verwendet, um eine allgemein gültige Aussage zu machen oder um eine zeitlich punktuelle Handlung zu beschreiben.

She **speaks** English.
We **take** the bus.

Das **present continuous** benutzt man um über eine Handlung oder ein Ereignis zu sprechen, das im Moment stattfindet. Es bezieht sich immer auf einen Zeitraum.

They**'re playing** football.
She**'s talking** to a friend.
It**'s raining**.

▼

Je nachdem welche Zeitform man verwendet, können Sätze eine unterschiedliche Bedeutung haben:

I play golf.
bedeutet, dass ich regelmäßig Golf spiele.
I'm playing golf.
bedeutet, dass ich jetzt im Moment Golf spiele.

I don't drink coffee.
bedeutet, dass ich nie Kaffee trinke.
I'm not drinking coffee.
bedeutet, dass ich jetzt im Moment keinen Kaffee trinke, sondern etwas anderes.

He works in London.
bedeutet, dass sein fester Arbeitsplatz in London ist.
He's working in London.
bedeutet, dass er vorübergehend in London arbeitet.

 § 18 Das *present perfect*

Bildung:
Das **present perfect** setzt sich aus dem Verb **have** im **present simple** und dem Vollverb in der **3. Form** zusammen. Bei regelmäßigen Verben ist die 2. und die 3. Verbform gleich, d. h. an die Grundform wird **-ed** angehängt. Endet ein Verb schon auf **-e**, wird nur **-d** angehängt.

I	**have asked**	*habe gefragt*
you	**have asked**	*hast gefragt*
he / she / it	**has asked**	*hat gefragt*
we	**have asked**	*haben gefragt*
you	**have asked**	*habt gefragt*
they	**have asked**	*haben gefragt*

Verneinung:
Verneint wird das **present perfect** mit **haven't** (**have not**) bzw. **hasn't** (**has not**).
　We **haven't met** him.
　She **hasn't called** yet.

Fragen:
Fragen bildet man, indem man Subjekt und Hilfsverb vertauscht.
　Have they been to Glasgow?
　Has she told him what happened?

Kurzantworten:
In Kurzantworten wird das **have** aus der Frage noch einmal aufgenommen.
　Have you seen Tom?
　Yes, I **have.** / No, I **haven't.**
　Has Tom come back?
　Yes, he **has.** / No he **hasn't.**

Verwendung:
Das **present perfect** wird oft in den Bedeutungen *bis jetzt* oder *noch nicht* verwendet. Es bezieht sich sowohl auf die Vergangenheit als auch auf die Gegenwart, wird also dann verwendet, wenn man von etwas spricht, das in der Vergangenheit begonnen hat und bis in die Gegenwart andauert oder gültig ist.
　I**'ve enjoyed** this holiday.
　He **hasn't answered** my question yet.

Deshalb findet man im **present perfect** auch oft **not ... yet** *(noch nicht)* oder **never** *(noch nie)*.
　She has**n't** called **yet.**
　Sie hat noch nicht angerufen.
　I've **never** played tennis.
　Ich habe noch nie Tennis gespielt.

Fragen werden oft mit **ever** *(jemals)* oder **yet** *(schon)* gestellt.
　Have you **ever** been to London?
　Sind Sie schon mal in London gewesen?
　Has he phoned **yet?**
　Hat er schon angerufen?

Present perfect oder **past simple**?

Im Englischen gibt es zwei Formen, um über die Vergangenheit zu reden: das **past simple** und das **present perfect**.

Das **past simple** wird dann verwendet, wenn man über eine abgeschlossene Handlung oder ein Ereignis in der Vergangenheit redet. Oft findet man Ausdrücke wie **yesterday**, **a year ago**, **last August** oder **in 1977**, die eindeutig auf einen Zeitpunkt oder Zeitraum in der Vergangenheit hinweisen.

> I **lost** my passport **last Monday**.
> I **got** married **in 1984**.

Das **present perfect** wird verwendet, wenn etwas in der Vergangenheit begonnen hat, aber bis zum gegenwärtigen Zeitpunkt noch nicht abgeschlossen oder noch gültig ist. Ausdrücke, die häufig im **present perfect** verwendet werden, sind **ever**, **never** und **yet**.

> I've **known** him for two years.
> **Have** you ever **been** to Japan?

Im Deutschen werden diese beiden Vergangenheitsformen meist ohne Bedeutungsunterschied benutzt. *Ich habe ihn getroffen.* bedeutet das gleiche wie *Ich traf ihn.*
Im Englischen hingegen ändert sich mit der Vergangenheitsform auch die Bedeutung des Satzes.

> I **haven't seen** Lara this morning.
> *Ich habe Lara heute morgen noch nicht gesehen.*
> (Zum Zeitpunkt des Sprechens ist es immer noch Morgen.)
>
> I **didn't see** Lara this morning.
> *Ich habe Lara heute morgen nicht gesehen.*
> (Es ist nicht mehr Morgen.)

 § 19   Das *present simple*

Bildung:

Das **present simple** (einfaches Präsens) weist bei regelmäßigen Verben nur zwei Formen auf. Es entspricht fast immer der Grundform des Verbs, ausgenommen die **dritte Person Singular** (he / she / it), in der ein **-s** angehängt wird.

I	work	speak	live
you	work	speak	live
he / she / it	work**s**	speak**s**	live**s**
we	work	speak	live
you	work	speak	live
they	work	speak	live

Denken Sie daran … nicht nur in Verbindung mit den **Personalpronomen** (he / she / it) wird ein **-s** an das Verb angehängt, sondern auch dann, wenn die Personen oder Sachen genannt werden!

> Tom drink**s** a glass of wine.
> Helen drink**s** a glass of wine.

aber: Tom and Helen (they) drink wine.

Verneinung:

Vollverben wie **live** oder **eat** werden verneint, indem man **do not / don't** bzw. **does not / doesn't** dem Verb voranstellt. Das Hauptverb bleibt hierbei immer in der Grundform, d. h. ohne **s**-Endung.

> She **lives** in Mexico.
> She **doesn't live** in Mexico.
> We **eat** pizza.
> We **don't eat** pizza.

Fragen:

Zur Bildung von Fragen benötigt man wie bei der Verneinung ebenfalls **do** bzw. **does**.

> He speak**s** Italian.
> **Does** he **speak** Italian?
> They **work** in a hotel.
> **Do** they **work** in a hotel?

Auch bei Fragen steht das Hauptverb immer in der Grundform, d. h. ohne **s**-Endung.

Verwendung:

Das **present simple** wird meist für allgemeine Aussagen oder Feststellungen in der Gegenwart verwendet.

> He **works** in a hotel.
> *Er arbeitet in einem Hotel.*

▼

Es wird aber auch benutzt, um Gewohnheiten zu beschreiben, wobei oftmals Signalwörter wie **usually** *(für gewöhnlich)*, **always** *(immer)* oder **every day** *(jeden Tag)* vorkommen.

> She *always* **drinks** coffee on Sundays.
> *Sie trinkt sonntags immer Kaffee.*

Unregelmäßige Verben

Einige Verben haben eine unregelmäßige Form im **present simple**. Dies sind vor allem die Hilfsverben **do**, **be**, **have** sowie das Verb **go**.

	be	have	do	go
I	am	have	do	go
you	are	have	do	go
he/she/it	**is**	**has**	**does**	**goes**
we	are	have	do	go
you	are	have	do	go
they	are	have	do	go

Besonderheiten

Manche Verben haben in der **dritten Person Einzahl** (he/she/it) im **present simple** eine besondere Schreibweise. Hierzu gehören Verben, die auf einen Konsonant + **-y** enden.

Die Endung **-y** wird dann zu **-ies**:
> tr**y**   he/she/it tr**ies**
> fl**y**   he/she/it fl**ies**

Endet das Verb jedoch auf einen Vokal + **-y**, wird nur ein **-s** angehängt.
> sta**y**   he/she/it stay**s**
> sa**y**   he/she/it say**s**

Bei Verben, die auf **-s** enden, wird ein **-es** angehängt:
> cro**ss**   he/she/it cross**es**
> mi**ss**   he/she/it miss**es**
> gue**ss**   he/she/it guess**es**

§ 20   Pronomen

Die Personalpronomen

Personalpronomen treten an die Stelle von *Personen* oder *Sachen*, die schon bekannt sind. In Aussagesätzen stehen sie immer vor dem Verb. Man unterscheidet zwischen **Subjektpronomen** und **Objektpronomen**.

Die Subjektpronomen:

I	*ich*	we	*wir*
you	*du/Sie*	you	*ihr*
he	*er*	they	*sie*
she	*sie*		
it	*es*		

> **Peter** works in Germany.
> **He** works in Germany.
> **The wine** tastes very good.
> **It** tastes very good.
> **Dan and Jessica** live in Italy.
> **They** live in Italy.

Besonderheiten:

I wird immer großgeschrieben.
Für *du*, *Sie* und *ihr* gibt es im Englischen nur ein Wort: **you**.

Die Objektpronomen:

me	*mir/mich*	us	*uns/uns*
you	*dir/dich*	you	*euch/Ihnen, euch/Sie*
him	*ihm/ihn*		
her	*ihr/sie*	them	*ihnen/sie*
it	*ihm/es*		

> John loves **Susan**.
> John loves **her**.
> I'll meet **my parents** at the station.
> I'll meet **them** at the station.
> Tom gives **the teacher** a book.
> Tom gives **him** a book.

Denken Sie daran ... Gegenstände sind im Englischen immer neutral, d.h. sie werden durch **it** ersetzt.

Die Possessivpronomen

Possessivpronomen (besitzanzeigende Fürwörter) haben im Englischen immer die selbe Form, d. h. sie sind unveränderlich. Sie stehen jeweils direkt vor der Person oder Sache, auf die sie sich beziehen.

my
mein /e   **My** feet are killing me.

your
dein /e, euer /eure,   Is he **your** brother?
Ihr /e

his
sein /e   Peter phoned **his** mother.

her
ihr /e   She lost **her** passport.

its
sein /e   The Crooked House Hotel welcomes **its** guests.

our
unser /e   We meet **our** friends in the pub.

their
ihr /e   They found **their** keys.

§ 21   *Since* oder *for*?

Mit den Präpositionen **for** und **since** wird auf einen Zeitraum Bezug genommen.

For steht hierbei für eine Zeitdauer. Es zeigt an, wie lange etwas geschieht oder geschehen ist.
> I'll sit here **for a while**.
> *Ich bleibe hier <u>eine Weile</u> sitzen.*
> He talked **for an hour**.
> *Er redete <u>eine Stunde lang</u>.*

Since steht für den Beginn eines Zeitraums, gibt also einen Zeitpunkt an. Es zeigt, seit wann etwas geschieht oder geschehen ist.
> I haven't been home **since Monday**.
> *Ich war <u>seit Montag</u> nicht zu Hause.*

> I've worked every weekend **since June**.
> *Ich habe <u>seit Juni</u> jedes Wochenende gearbeitet.*

Im **present perfect** werden beide Präpositionen mit *seit* übersetzt. Deshalb ist es hier besonders wichtig, darauf zu achten, ob es sich um einen *Zeitpunkt* (**since**) oder um eine *Zeitdauer* (**for**) handelt.
> She's known him **since 1987**.
> *Sie kennt ihn <u>seit 1987</u>.*
> She's known him **for years**.
> *Sie kennt ihn <u>seit Jahren</u>.*

§ 22   *There is* und *there are*

Mit **there is /are** kann eine Sache neu in ein Gespräch eingeführt werden. Es bedeutet dann *es gibt*. Steht die Sache, auf die Bezug genommen wird, im Singular, verwendet man **there is**, steht sie im Plural, verwendet man **there are**.
> **There is** a nice café in Torquay.
> *Es gibt ein nettes Café in Torquay.*
> **There are** many museums in London.
> *Es gibt viele Museen in London.*

Fragen:
> **Is there** a bar at the hotel?
> *Gibt es eine Bar im Hotel?*
> **Are there** beaches in Torquay?
> *Gibt es Strände in Torquay?*

Kurzantworten:
> Yes, **there is.**   No, **there isn't.**
> Yes, **there are.**   No, **there aren't.**

§ 23   Unregelmäßige Verben

Bei Verben unterscheidet man die erste Form *(infinitive)*, die zweite Form *(past simple)* und die dritte Form *(past participle)*.
Hier eine Liste, der unregelmäßigen Verben, die in diesem Kurs vorkommen.

▼

1. Form	2. Form	3. Form	
be	was /were	been	*sein*
bring	brought	brought	*bringen*
buy	bought	bought	*kaufen*
choose	chose	chosen	*wählen*
come	came	come	*kommen*
cost	cost	cost	*kosten*
do	did	done	*tun*
drink	drank	drunk	*trinken*
eat	ate	eaten	*essen*
feel	felt	felt	*(sich) fühlen*
find	found	found	*finden*
fly	flew	flown	*fliegen*
forget	forgot	forgotten	*vergessen*
get	got	got	*bekommen*
give	gave	given	*geben*
go	went	gone	*gehen*
have	had	had	*haben*
hear	heard	heard	*hören*
hide	hid	hidden	*verstecken*
hurt	hurt	hurt	*wehtun/schmerzen*
know	knew	known	*wissen*
leave	left	left	*weggehen*
let	let	let	*lassen*
lose	lost	lost	*verlieren*
mean	meant	meant	*meinen*
meet	met	met	*treffen*
pay	paid	paid	*bezahlen*
put	put	put	*stellen / legen*
read	read	read	*lesen*
rise	rose	risen	*steigen*
say	said	said	*sagen*
see	saw	seen	*sehen*
sell	sold	sold	*verkaufen*
send	sent	sent	*schicken*
shake	shook	shaken	*schütteln*
sit	sat	sat	*sitzen*
speak	spoke	spoken	*sprechen*
spend	spent	spent	*ausgeben*
take	took	taken	*nehmen*
tell	told	told	*erzählen*
think	thought	thought	*denken*
understand	understood	understood	*verstehen*
wear	wore	worn	*tragen*
win	won	won	*gewinnen*
write	wrote	written	*schreiben*

§ 24 **Verbformen**

Es gibt im Englischen drei Verbformen:

Die **erste Form** entspricht der Grundform des Verbs.

Die **zweite Form** des Verbs entspricht der **past simple** Form. Die Bildung der Verbform wird im Kapitel **Das past simple** erklärt.

Die **dritte Form** wird oft auch **past participle** genannt. Eine Erklärung zur Bildung dieser Form finden Sie bei **Das present perfect**.

Außerdem wird noch von der **ing-Form** gesprochen. Hierzu finden Sie mehr bei **Das present continuous**.

Regelmäßige Verben

1. Form	2. Form	3. Form	ing-Form
ask	asked	asked	asking
walk	walked	walked	walking

Unregelmäßige Verben

1. Form	2. Form	3. Form	ing-Form
give	gave	given	giving
tell	told	told	telling

 § 25 **Vergleiche**

Für Vergleiche benutzt man im Englischen entweder den **Komparativ** (erste Steigerungsform) + **than**

> Wine is **more expensive than** beer.
> *Wein ist teurer als Bier.*
> My mother is **older than** my father.
> *Meine Mutter ist älter als mein Vater.*

oder **not as** + Adjektiv + **as**.

> This restaurant is**n't as nice as** Alfredo's.
> *Dieses Restaurant ist nicht so nett wie Alfredo's.*
> He was**n't as angry as** he looked.
> *Er war nicht so verärgert wie er aussah.*

Um auszudrücken, dass zwei Dinge gleich sind, benutzt man **as** + Adjektiv + **as**.

> She's **as pretty as** her sister.
> *Sie ist so hübsch wie ihre Schwester.*
> The weather is **as bad as** last year.
> *Das Wetter ist so schlecht wie letztes Jahr.*

Möchte man sagen, dass etwas besser, schneller, höher etc. als alles andere ist, benutzt man den **Superlativ**.

> This is the **nicest** holiday I've ever had.
> It's the **most interesting** book I've ever read.

 § 26 **Verneinung**

Ein Satz wird verneint, indem das Wort **not** hinter dem Hilfsverb eingefügt wird. **Not** wird dabei oft zu **n't** abgekürzt und direkt an das Hilfsverb angehängt. Im Englischen kann man nur mit **Hilfsverben** *(be, do, have)* oder **modalen Hilfsverben** (z. B. *can, must*) eine Verneinung bilden.

> She's from Italy.
> She **isn't** (is not) from Italy.

> Kevin can play the piano.
> Kevin **can't** (cannot) play the piano.

Bildet man die Verneinung von Sätzen, die nur ein **Vollverb** enthalten, so benötigt man das Hilfsverb **do** in der entsprechenden Form. Im Präsens wird hierfür **does not/doesn't** bzw. **do not/don't** verwendet. In der Vergangenheit verwendet man **did not/didn't**.

> He wears glasses.
> He **doesn't** *wear* glasses.

> We work in Italy.
> We **don't** *work* in Italy.

> She went to England.
> She **didn't** *go* to England.

Denken Sie daran ... In verneinten Sätzen im Präsens oder in der Vergangenheit steht das Vollverb **immer** in der Grundform.

Besonderheiten:

I am	wird zu	**I'm not**
won't	ist die Verneinung von	will
may	steht ohne Kurzform	**may not**
can	wird zu einem Wort	**cannot**
mustn't	bedeutet auf Deutsch	darf nicht

 § 27 Das *will future*

Bildung:

Das **will future** wird gebildet, indem man **will** (**'ll**) vor die Grundform des Hauptverbs setzt. **Will** ist unveränderlich, d. h. für alle Personen gleich. Ins Deutsche wird diese Form entweder mit dem Präsens oder mit *werden* und dem Hauptverb übersetzt.

> I**'ll call** you on Monday.
> *Ich rufe dich am Montag an.*
> *Ich werde dich am Montag anrufen.*

> They**'ll pick** you **up** at the airport.
> *Sie holen dich am Flughafen ab.*
> *Sie werden dich am Flughafen abholen.*

Verneinung:

Die Verneinung wird mit **won't** (**will not**) gebildet.

> He **won't come** to the dinner party.
> We **won't be** back today.

Fragen:

In Fragen werden das Subjekt und **will** bzw. **won't** vertauscht.

> What **will you** tell her?
> **Will Ann** be in the office all day?
> **Won't you** give him your phone number?

Kurzantworten:

In Kurzantworten wird **will** bzw. **won't** wiederholt.

> **Will** you know him when you see him?
> Yes, I **will**. / No, I **won't**.

> **Will** she be back soon?
> Yes, she **will**. / No, she **won't**.

Verwendung:

Das **will future** wird benutzt, um ein **Versprechen**, eine **Absicht** oder eine **spontane Entscheidung** auszudrücken, die sich auf die Zukunft bezieht.

> I**'ll meet** you in the pub tonight.
> She **won't come** today.
> We**'ll go** to Scotland this summer.

Zielsprache/ Target language	Ausgangssprache/ Source language

A

14th	14./vierzehnter
a	ein/eine
a few	ein paar
a little	ein bisschen
a lot	viel
a lot of	viel
about	über, ungefähr
above	über
across	über
active	aktiv
advice	Rat/Ratschlag
Africa	Afrika
after	nach/nachdem
afternoon	Nachmittag
again	wieder
age	Alter
ago	vor
air	Luft
air mattress	Luftmatratze
airport	Flughafen
all	alle
all day	den ganzen Tag
all evening	den ganzen Abend
all right	in Ordnung
along	entlang
already	schon
also	auch
always	immer
am	bin
American	amerikanisch Amerikaner/ Amerikanerin
among	zwischen/inmitten/ unter
an	ein/eine
and	und
angry	verärgert
another	noch ein/eine/einen

any	irgendein/irgendeine/ irgendeiner/ irgendwelche
any more	nicht mehr
anybody	irgendjemand
anyone	irgendjemand
anything	irgendetwas
anyway	jedenfalls/sowieso
anywhere	irgendwo
apartment	Wohnung
apple	Apfel
apple pie	Apfelkuchen
apply	sich bewerben
April	April
are	bist/sind/seid
argue	streiten
armchair	Sessel
around	um/in der Gegend von um ... herum
arrive	ankommen
as	als
as ... as	so ... wie
as well	auch noch
ask	fragen
aspirin	Aspirin
at	auf, um, in/an
at all	überhaupt
at home	zu Hause
at most	höchstens
at night	nachts
at the moment	im Moment/momentan
ate	aß/aßt/aßen
August	August
aunt	Tante
Australia	Australien
author	Autor
Avignon	Avignon

B

baby	Baby
back	zurück
back seat	Rücksitz
bad	schlecht
badminton	Badminton

banana	Banane	boring	langweilig
bank	Bank	boss	Chef
barbecue	Grillfest, Grill	both	beide
basket	Korb	bottle	Flasche
bathroom	Badezimmer	bought	kaufte/kauftest/
be	sein		kauften/kauftet/gekauft
be able to	können	boutique	Boutique
be called	heißen	bowl	Schale
be lucky	Glück haben	boy	Junge
be used to	an etwas gewöhnt sein	bread	Brot
beach	Strand	break	Pause, zerbrechen/
Beatles	Beatles		kaputtmachen
beautiful	schön	breakfast	Frühstück
because	weil	bright	grell/leuchtend
become	werden	bring	bringen/mitbringen
bed	Bett	brother	Bruder
bedroom	Schlafzimmer	brought	brachte/brachtest/
been	gewesen		brachen/brachtet/
beer	Bier		gebracht
before	vor, vorher	brown	braun
began	begann/begannst/	build	bauen
	begannen/begannt	built	baute/bautest/bauten/
begin	beginnen/anfangen		bautet/gebaut
begun	begonnen	bus	Bus
behind	hinter	bush	Busch
believe	glauben	but	aber
bell	Glocke	butter	Butter
belong to	gehören	buy	kaufen
below	unter	by	an/bei, von, um
Ben Nevis	Ben Nevis	by the way	übrigens
best	bester/beste/bestes/am	bye	Tschüss
	besten		
better	besser		

C

between	zwischen		
big	groß	cake	Kuchen
Big Ben	Big Ben	Calais	Calais
bird	Vogel	call	nennen
Birmingham	Birmingham	camera	Fotoapparat/Kamera
birthday	Geburtstag	camping site	Campingplatz
birthday card	Geburtstagskarte	can	können
birthday present	Geburtstags-geschenk	cancel	abbestellen
bit	bisschen	cannot	nicht können
blue	blau	car	Auto
book	Buch	card	Karte
bored	gelangweilt	careful	vorsichtig

carry	tragen	country	Land
cat	Katze	course	Kurs
cellphone	Handy	cuisine	Küche
chair	Stuhl	cup	Tasse
changing room	Umkleidekabine	cycle	Fahrrad fahren
channel	Kanal		
Channel Tunnel	Kanaltunnel	**D**	
chat	chatten/sich unterhalten	Dad	Papa/Vati
cheap	billig	dance	tanzen
cheese	Käse	daughter	Tochter
child	Kind	day	Tag
children	Kinder	dear	Lieber/Liebe
China	China	December	Dezember
Chinese	chinesisch	decide	entscheiden/sich entscheiden
chips	Pommes frites		
Christmas	Weihnachten	definitely	unbedingt
church	Kirche	delicious	lecker
cigarette	Zigaretten	dentist	Zahnarzt
cinema	Kino	desk	Schreibtisch
city	Stadt	dessert	Nachtisch/Dessert
clean	sauber machen/putzen sauber	did	tat/tatest/taten/tatet
		different	anders/unterschiedlich
clever	klug	difficult	schwierig/schwer
cliff	Felsen	dining table	Esstisch
close	schließen/zumachen	dinner	Abendessen
cloud	Wolke	dishes	Geschirr
coat	Mantel	do	tun
coffee	Kaffee	doctor	Arzt/Ärztin
coffee bar	Café	doesn't	tut nicht
coffee table	Beistelltisch	dog	Hund
coke	Cola	don't	nicht tun
cold	kalt	done	getan
college	College	door	Tür
come	kommen	Dover	Dover
complain	sich beschweren	down	herunter/hinunter
computer	Computer	drank	trank/trankst/tranken/ trankt
concert	Konzert		
contact	kontaktieren/anrufen	drawer	Schublade
corner	Ecke	dress	Kleid
corner shop	Laden an der Ecke	drink	trinken, Getränk
cottage	Hütte/kleines Haus	drive	Fahrt, fahren
could	könnte/könntest/ könnten/könntet konnte	driven	gefahren
		driver	Fahrer/Fahrerin

driving test	*Führerschein-prüfung*
drove	*fuhr/fuhrst/fuhren/fuhrt*
drunk	*getrunken*
	betrunken
during	*während*
duty-free	*zollfrei*

E

early	*früh*
earn	*verdienen*
earth	*Erde*
East Africa	*Ostafrika*
easy	*einfach*
eat	*essen*
eaten	*gegessen*
Edinburgh	*Edinburgh*
egg	*Ei*
egg salad	*Eiersalat*
eight	*acht*
either	*auch nicht*
eleven	*elf*
else	*sonst noch*
end	*Ende*
England	*England*
English	*englisch*
	Engländer/Engländerin
English course	*Englischkurs*
enjoy	*genießen*
enough	*genug*
escalator	*Rolltreppe*
essay	*Aufsatz*
euro	*Euro*
evening	*Abend*
every	*jede/jeder/jedes*
everybody	*jeder/alle*
everyone	*jeder/alle*
everything	*alles*
everywhere	*überall*
exam	*Prüfung*
exciting	*spannend/aufregend*
expensive	*teuer*
extra	*extra/zusätzlich*

F

fall	*fallen*
fall in love	*sich verlieben*
fallen	*gefallen*
family	*Familie*
famous	*berühmt*
fantastic	*fantastisch*
far	*weit*
fast	*schnell*
fat	*dick/fett*
father	*Vater*
fear	*fürchten*
February	*Februar*
fed	*fütterte/füttertest/fütterten/füttertet/gefüttert*
feed	*füttern*
feet	*Füße*
fell	*fiel/fielst/fielen/fielt/gefallen*
fellow student	*Kommilitone/Studienkollege*
ferry	*Fähre*
few	*wenige*
field	*Feld*
fifteen	*fünfzehn*
find	*finden*
find out	*herausfinden*
fine	*gut/prima*
finish	*beenden/fertig sein mit*
fireplace	*offener Kamin*
first	*erster/erste/erstes*
fish	*Fisch*
five	*fünf*
flat	*Wohnung*
flower	*Blume*
follow	*folgen*
food	*Essen*
foot	*Fuß*
football	*Fußball*
football match	*Fußballspiel*
for	*für*
forget	*vergessen*

forgot	vergaß/vergaßt/vergaßen
forgotten	vergessen
found	fand/fandest/fanden/fandet/gefunden
four	vier
fourteen	vierzehn
France	Frankreich
French	französisch
	Franzose/Französin
French fries	Pommes frites
Friday	Freitag
fridge	Kühlschrank
friend	Freund
from	von
fruit	Obst/Früchte
fruit bowl	Obstschale
frustrating	frustrierend
fun	Spaß
furniture	Möbel
further	weiter
furthest	weitester/weiteste/weitestes/am weitesten

G

game	Spiel
garage	Garage
garden	Garten
garlic	Knoblauch
German	deutsch
	Deutscher/Deutsche
Germany	Deutschland
get	holen/bringen
Get better soon!	Gute Besserung!
get in	hinein bekommen
get into	einsteigen
get married	heiraten
get out of	aussteigen
get stuck	stecken bleiben
get up	aufstehen
girl	Mädchen
glad	froh
glass	Glas
glasses	Brille

go	gehen
go ahead	tu das
go for a walk	spazieren gehen
go out	ausgehen
go to bed	ins Bett gehen
go with	passen zu
golf	Golf
gone	gegangen
good	gut
goodness	Güte
got	bekam/bekamst/bekamen/bekamt/bekommen
gotten	bekommen
gravy	Bratensoße
great	toll/großartig
great aunt	Großtante
green	grün
grill	grillen
guess	raten/denken

H

had	hatte/hattest/hatten/hattet/gehabt
hairdresser's	Friseurgeschäft
half	Hälfte, halb
hang on	warte mal
happen	geschehen/passieren
happily	glücklich
happy	glücklich
hard	hart
has	hat
have	haben
have a look	nachsehen
have breakfast	frühstücken
have got	haben
have to	müssen
he	er
healthy	gesund
heavily	stark
heavy	schwer
help	helfen
her	sie/ihr
here	hier

hers	*ihrer/ihre/ihres*	internet	*Internet*
herself	*selbst, sich*	into	*hinein/herein*
high	*hoch*	Ireland	*Irland*
hill	*Hügel*	is	*ist*
him	*ihm*	isn't	*ist nicht*
himself	*selbst, sich*	it	*es*
his	*sein/seine*	Italian	*italienisch*
	seiner/seine/seins		*Italiener/Italienerin*
history	*Geschichte*	Italy	*Italien*
holiday	*Ferien/Urlaub*	its	*sein/seine*
home	*nach Hause*	itself	*selbst*
homework	*Hausaufgaben*		*sich*
hoover	*staubsaugen*		
hope	*hoffen*		
horrible	*fürchterlich/schrecklich*		
hot	*warm/heiß*		
hot chocolate	*heiße Schokolade/Kakao*		
hotel	*Hotel*		
hour	*Stunde*		
house	*Haus*		
how	*wie*		
how about	*wie ist es mit*		
how many	*wie viele*		
however	*wie auch immer*		
hungry	*hungrig*		

J

January	*Januar*
Japan	*Japan*
Japanese	*japanisch*
job	*Arbeit/Stelle*
jog	*joggen*
juice	*Saft*
July	*Juli*
jumper	*Pullover*
June	*Juni*
just	*genau*
	gerade

I

I	*ich*
I'm	*ich bin*
ice cream	*Eis*
idea	*Idee*
if	*wenn/falls, ob*
ill	*krank*
important	*wichtig*
in	*in*
in front of	*vor*
in the afternoon	*nachmittags*
in the evening	*abends*
in the middle of	*in der Mitte von*
in the morning	*morgens*
inflate	*aufpumpen/aufblasen*
information	*Information*
intelligent	*intelligent*
interesting	*interessant*

K

key	*Schlüssel*
kid	*Kind*
kiss	*Kuss*
kitchen	*Küche*
knew	*wusste/wusstest/*
	wussten/wusstet
knife	*Messer*
know	*wissen, kennen*
known	*gekannt*

L

lake	*See*
large	*groß*
last	*letzter/letzte/letztes*
late	*spät*
later	*später*

law	Jura/Recht	March	März
learn	lernen	Margaret Thatcher	Margaret Thatcher
least	am wenigsten	market	Markt
leave	verlassen	married	verheiratet
left	verließ/verließt/	Marseille	Marseille
	verließen/verlassen	match	Spiel
	übrig	mate	Kumpel/Freund
lemon	Zitrone	maths	Mathe
less	weniger	mattress	Matratze
let	lassen	May	Mai
let's	lass uns	may	könnten
letter	Brief	maybe	vielleicht
library	Bibliothek/Bücherei	me	mir/mich
life	Leben	mean	meinen/heißen/
light	hell		bedeuten
like	mögen	meant	meinte/meintest/
list	Liste		meinten/meintet/
listen	zuhören		gemeint
little	klein, wenig	meat	Fleisch
live	wohnen/leben	medicine	Medikamente
Liverpool	Liverpool	meet	treffen
living room	Wohnzimmer	men	Männer
local	lokal/ortstypisch	met	traf/trafst/trafen/traft/
London	London		getroffen
long	lang/lange	mice	Mäuse
look	schauen, aussehen	middle	Mitte
look after	sich kümmern um	might	könnten
look forward to	sich freuen auf	milk	Milch
lotion	Lotion/Creme	mine	meiner/meine/meins
love	lieben, Liebe	mineral water	Mineralwasser
lunch	Mittagessen	minister	Minister/Ministerin
		minute	Minute
		mistake	Fehler
		mobile phone	Handy
M		modern	modern
		Mom	Mama
made	machte/machtest/	moment	Moment
	machten/machtet/	Monday	Montag
	gemacht	money	Geld
magazine	Zeitschrift	month	Monat
make	machen	more	mehr
man	Mann	morning	Morgen
manage	schaffen	most	am meisten
Manchester	Manchester	mother	Mutter
Manchester United	Manchester United	motorway	Autobahn
many	viele		
map	Karte		

mountain	*Berg*
mouse	*Maus*
move	*umziehen*
movie theater	*Kino*
mph	*Meilen in der Stunde*
much	*viel*
Mum	*Mama*
music	*Musik*
must	*müssen*
must not	*nicht dürfen*
mustn't	*nicht dürfen*
my	*mein/meine/meiner/ meines*
my goodness	*meine Güte*
myself	*mich/mich selbst selbst mich/mir*

N

name	*Name*
near	*in der Nähe von*
nearly	*fast*
need	*brauchen, müssen*
neighbor	*Nachbar*
neighbour	*Nachbar*
never	*nie*
new	*neu*
news	*Nachrichten*
newspaper	*Zeitung*
next	*nächster/nächste/ nächstes*
next to	*neben*
nice	*nett/schön*
nicely	*gut/schön*
night	*Nacht/Abend*
nine	*neun*
nineteen	*neunzehn*
no	*nein, kein*
no idea	*keine Ahnung*
no one	*niemand*
nobody	*niemand*
normally	*normalerweise*
Norway	*Norwegen*
Norwegian	*norwegisch*

not	*nicht*
not ... yet	*noch nicht*
not any	*kein/keine*
not at all	*überhaupt nicht*
nothing	*nichts*
November	*November*
now	*jetzt*
nowhere	*nirgendwo*
number	*Nummer*

O

o'clock	*Uhr*
October	*Oktober*
of	*von*
of course	*natürlich*
off	*herab/herunter*
office	*Büro*
off-licence	*Wein- und Spirituosen- geschäft*
often	*oft*
oh dear	*oh je*
OK	*in Ordnung*
old	*alt*
on	*auf, am, an/am*
on earth	*auf Erden*
on Mondays	*montags*
on Sundays	*sonntags*
on the way	*unterwegs*
once	*einmal*
only	*nur, erst*
open	*offen*
opposite	*gegenüber*
orange	*Orange*
orange juice	*Orangensaft*
organise	*organisieren*
other	*anderer/andere/anderes*
our	*unser/unsere*
ours	*unserer/unsere/unseres*
ourselves	*selbst, uns*
out	*aus/weg*
out here	*hier draußen*
out of	*heraus/hinaus*
outside	*draußen/außerhalb von*
over there	*da drüben*

overtime	*Überstunden*
own	*eigener/eigen/eigenes*
Oxford	*Oxford*

P

pack	*packen*
packet	*Packung*
pants	*Hose*
paper	*Papier*
parents	*Eltern*
Paris	*Paris*
park	*Park, parken*
parked	*geparkt*
party	*Fest*
past	*nach, an ... vorbei*
pear	*Birne*
pen	*Stift*
people	*Leute*
per	*pro*
perhaps	*vielleicht*
person	*Person*
phone	*anrufen/telefonieren*
phone book	*Telefonbuch*
piano	*Klavier*
picnic	*Picknick*
picnic basket	*Picknickkorb*
picture	*Bild/Foto*
pie	*Kuchen*
piece	*Stück*
pink	*rosa/pink*
place	*Ort/Stelle/Platz*
plan	*Plan, planen*
plastic bag	*Plastiktüte*
play	*spielen*
please	*bitte*
Portugal	*Portugal*
Portuguese	*portugiesisch*
post office	*Postamt*
postcard	*Postkarte*
poster	*Poster*
potato	*Kartoffel*
pound	*Pfund*
practice	*üben*
practise	*üben*

prefer	*lieber mögen/ bevorzugen*
prepare	*vorbereiten*
present	*Geschenk*
primary school	*Grundschule*
prime minister	*Premierminister/ Premierministerin*
probably	*wahrscheinlich*
problem	*Problem*
Provence	*Provence*
pub	*Kneipe*
pump	*Pumpe*
put	*stellen*
put away	*wegtun/wegpacken*
put in	*hineintun*
put up	*aufstellen*

Q

quarter	*viertel*
question	*Frage*
quiet	*ruhig*

R

radio	*Radio*
rain	*regnen*
raincoat	*Regenjacke*
read	*lesen, las/last/lasen/ last/gelesen*
ready	*fertig*
really	*wirklich*
recipe	*Kochrezept*
recognize	*erkennen*
red	*rot*
relax	*entspannen*
remember	*sich erinnern*
remind	*jemanden erinnern*
rent	*mieten*
retire	*in Rente gehen*
Rhine	*Rhein*
rice	*Reis*
ridden	*geritten/gefahren*
ride	*reiten*
right	*richtig, also*
road	*Straße*

roast	*rösten*
roast dinner	*Bratengericht*
roast potatoes	*Röstkartoffeln*
rode	*ritt/rittest/ritten/rittet*
roof	*Dach*
room	*Zimmer*
round	*um ... herum*
route	*Route/Strecke*
Russia	*Russland*

S

said	*sagte/sagtest/sagten/ sagtet/gesagt*
sailing	*Segeln*
salad	*Salat*
same	*gleich*
sandal	*Sandale*
sang	*sang/sangst/sangen/ sangt*
sat	*saß/saßt/saßen/saßt/ gesessen*
Saturday	*Samstag*
saw	*sah/sahst/sahen/saht*
say	*sagen*
school	*Schule*
school bus	*Schulbus*
school holidays	*Schulferien*
Scotland	*Schottland*
sea	*Meer*
see	*sehen*
see you	*bis bald*
seen	*gesehen*
sell	*verkaufen*
send	*schicken*
sent	*schickte/schicktest/ schickte/geschickt*
September	*September*
Serengeti	*Serengeti*
set up	*aufstellen*
seven	*sieben*
Shakespeare	*Shakespeare*
she	*sie*
shoe	*Schuh*

shop	*Geschäft/Laden einkaufen*
shopping	*Einkaufen*
should	*sollen*
sign	*Schild, unterschreiben*
sing	*singen*
sir	*Herr*
sister	*Schwester*
sit	*sitzen*
six	*sechs*
sixteen	*sechzehn*
size	*Größe*
skirt	*Rock*
sky	*Himmel*
sleep	*schlafen*
sleeping bag	*Schlafsack*
slept	*schlief/schlieft/ schliefen/schlieft/ geschlafen*
slice	*Scheibe*
slow	*langsam*
slowly	*langsam*
small	*klein*
smoke	*rauchen*
so	*so*
so far	*bis jetzt*
soccer	*Fußball*
soccer match	*Fußballspiel*
sofa	*Sofa*
some	*einige/ein paar*
somebody	*jemand*
someone	*jemand*
something	*etwas*
sometimes	*manchmal*
somewhere	*irgendwo*
soon	*bald*
south	*Süden*
South of England	*Südengland*
Southern France	*Südfrankreich*
souvenir	*Souvenir/Andenken*
Spain	*Spanien*
Spanish	*spanisch*
speak	*sprechen*
spend	*verbringen, ausgeben*

spent	gab aus/gabst aus/ gaben aus/gabt aus/ ausgegeben	swimming costume	Badeanzug
		swum	geschwommen
spoke	sprach/sprachst/ sprachen/spracht		

T

spoken	gesprochen	table	Tisch
sports	Sport	take	nehmen, dauern/ brauchen, mitnehmen
stamp	Briefmarke		
stand	stehen	Take care!	Pass auf dich auf!
station	Bahnhof	taken	genommen
stay	bleiben	talk	sich unterhalten/ sprechen
stay up	aufbleiben		
steak	Steak	tea	Tee
still	noch/immer noch	teacher	Lehrer/Lehrerin
still	still	teaching	Lehramt
stood	stand/standest/ standen/standet/ gestanden	teenage	im Teenageralter
		teeth	Zähne
		television	Fernseher
straight	geradeaus/direkt	tell	sagen/erzählen
street	Straße	ten	zehn
strict	streng	tennis	Tennis
study	studieren/lernen	tent	Zelt
stuff	Zeug/Sachen	Thames	Themse
stupid	dumm/blöd	than	als
sugar	Zucker	thanks	danke
summer	Sommer	that	das, dieser/diese/dieses
Sunday	Sonntag	that long	so lange
sung	gesungen	that's	das ist
sunny	sonnig	the	der/die/das
sunshine	Sonnenschein	theater	Theater
suntan	Sonnenbräune	theatre	Theater
suntan lotion	Sonnencreme	their	ihr/ihre/ihren
supermarket	Supermarkt	theirs	ihrer/ihre/ihres
suppose	annehmen	them	sie/ihnen
sure	sicher	themselves	selbst sich
swam	schwamm/schwammst/ schwammen/schwammt		
		then	dann
		there	dort, dorthin
sweater	Pullover	there are	es gibt/da sind
Sweden	Schweden	there's	es gibt/da ist
Swedish	schwedisch	these	das/diese
sweets	Süßigkeiten	they	sie
swimmer	Schwimmer/ Schwimmerin	thin	dünn
		thing	Ding/Sache
swimming	Schwimmen	think	denken/glauben

thirteen	dreizehn
this	das
those	jene
thought	dachte/dachtest/ dachten/dachtet/ gedacht
through	durch
Thursday	Donnerstag
ticket	Karte
ticket-office	Kartenbüro
tidy	ordentlich
tidy away	wegräumen
tie	Krawatte
time	Zeit
tired	müde
to	zu, zur
toast	Toast
today	heute
together	zusammen
told	erzälte/erzähltest/ erzählten/erzähltet/ erzählt
tomato	Tomate
tomorrow	morgen
tonight	heute Abend/Nacht
too	zu, auch
took	nahm/nahmst/nahmen/ nahmt
tooth	Zahn
totally	total
tourist	Tourist
towards	in Richtung
towel	Handtuch
toy	Spielzeug
traffic	Verkehr
traffic jam	Stau
traffic lights	Ampel
translate	übersetzen
travel guide	Reiseführer
tree	Baum
trousers	Hose
true	wahr/richtig
try	probieren
try on	anprobieren
try out	ausprobieren

T-shirt	T-Shirt
Tuesday	Dienstag
tunnel	Tunnel
TV	Fernseher
two	zwei
typical	typisch

U

UK	Großbritannien
under	unter
underground	U-Bahn
unhappy	unglücklich
uniform	Uniform
United Kingdom	Vereinigtes Königreich
United States of America	Vereinigte Staaten von Amerika
university	Universität
untidy	unordentlich
until	bis
up	hinauf/nach oben
us	uns
USA	USA
use	benutzen
usually	normalerweise

V

vacation	Ferien/Urlaub
vacuum clean	staubsaugen
vanilla ice cream	Vanilleeis
vegetables	Gemüse
very	sehr
vineyard	Weingut/Weinberg
visit	Besuch besuchen

W

wait	warten
waiter	Kellner
Wales	Wales
walk	zu Fuß gehen Spaziergang
want	wollen
wardrobe	Kleiderschrank

was	war
wasn't	war nicht
watch	ansehen/schauen
watch TV	fernsehen
water	Wasser, gießen
way	Weg
we	wir
wear	tragen
weather	Wetter
wedding	Hochzeit
Wednesday	Mittwoch
week	Woche
weekend	Wochenende
well	nun/naja, gut
went	ging/gingst/gingen/ gingt
were	warst/waren/wart
what	was
what about	was ist mit
when	wenn/als
where	wo
white	weiß
white wine	Weißwein
who	wer
whose	wessen
why	warum
will	werden
window	Fenster
windsurfing	Windsurfen
wine	Wein
winter	Winter
winter coat	Wintermantel
wish	Wunsch, wünschen
with	mit
woman	Frau
women	Frauen
won't	nicht werden
wonderful	wundervoll
wore	trug/trugst/trugen/trugt
work	Arbeit, arbeiten
world	Welt
worn	getragen
worry	sich sorgen

worse	schlimmer
worst	schlimmster/ schlimmste/ schlimmstes/am schlimmsten
would	wäre
write	schreiben
write down	aufschreiben
written	geschrieben
wrote	schrieb/schriebst/ schrieben/schriebt

Y

yard	Garten
yeah	ja
year	Jahr
yes	ja
yesterday	gestern
Yorkshire puddings	Yorkshire Puddings
you	du/dich/Sie/ihr/dir/ euch
you're right	du hast Recht
young	jung
your	dein/ihr/euer
yours	deiner/deine/deins
yourself	dich/dir, selbst
yourselves	euch, selbst

Aufnahme, Schnitte und Mastering:
Ton in Ton Medienhaus, Stuttgart

Schnitt:
ARTist Tonstudios, Pfullingen

Sprecher:
Gillian Bathmaker
Mark Borrill
Paul Newcomb
David Shallis
Rebecca Simpson
Inge Spaughton
Dominik Vollmer
Marie-Louise Vollmer
Elizabeth Webster

Trackliste

1

Track 1 – Übung 1
Track 2 – Übung 2
Track 3 – Übung 5
Track 4 – Übung 5
Track 5 – Übung 8

2

Track 6 – Übung 1
Track 7 – Übung 6
Track 8 – Übung 9
Track 9 – Übung 11

Test 2

Track 10 – Übung 4

3

Track 11 – Übung 1
Track 12 – Übung 2
Track 13 – Übung 4
Track 14 – Übung 8
Track 15 – Übung 10
Track 16 – Übung 12

Test 3

Track 17 – Übung 2

4

Track 18 – Übung 1
Track 19 – Übung 2
Track 20 – Übung 3
Track 21 – Übung 13
Track 22 – Übung 16

5

Track 23 – Übung 1
Track 24 – Übung 2
Track 25 – Übung 4
Track 26 – Übung 9
Track 27 – Übung 14

Test 5

Track 28 – Übung 3

6

Track 29 – Übung 1
Track 30 – Übung 2
Track 31 – Übung 3
Track 32 – Übung 10
Track 33 – Übung 17

7

Track 34 – Übung 3
Track 35 – Übung 7
Track 36 – Übung 16

Test 7

Track 37 – Übung 4

8

Track 38 – Übung 1
Track 39 – Übung 3
Track 40 – Übung 8
Track 41 – Übung 9
Track 42 – Übung 13

9

Track 43 – Übung 1
Track 44 – Übung 2
Track 45 – Übung 3
Track 46 – Übung 10
Track 47 – Übung 12

Test 9

Track 48 – Übung 4

10

Track 49 – Übung 3
Track 50 – Übung 10
Track 51 – Übung 13
Track 52 – Übung14
Track 53 – Übung 16

Test 10

Track 54 – Übung 4

11

Track 55 – Übung 2
Track 56 – Übung 3
Track 57 – Übung 12

12

Track 58 – Übung 1
Track 59 – Übung 3
Track 60 – Übung 6
Track 61 – Übung 8

Notizen

Notizen

Notizen

Notizen